Wildkräuter
sammeln, kochen, genießen

Monika Heutmann
Matthias Hinkelmann

Wildkräuter

sammeln · kochen · genießen

Eine kulinarische
Entdeckungstour durch
die heimische Kräuterwelt

ANACONDA

Die Angaben in diesem Buch wurden von den Autoren und
dem Verlag sehr sorgfältig geprüft. Autoren und Verlag lehnen
jedoch jegliche Haftung für etwaige gesundheitliche Schäden
oder Folgen, die sich aus dem Gebrauch bzw. Missbrauch der
hier vorgestellten Informationen und Rezepte ergeben, ab.

Können Sie ein gesammeltes Wildkraut nicht eindeutig und
zweifelsfrei identifizieren, sehen Sie bitte unbedingt von der
Verwertung ab.

Die Deutsche Nationalbibliothek verzeichnet diese
Publikation in der Deutschen Nationalbibliografie;
detaillierte bibliografische Daten sind im Internet
unter http://dnb.d-nb.de abrufbar.

2. Auflage 2014
© 2011 Anaconda Verlag GmbH, Köln
Alle Rechte vorbehalten.
Fotografien: Matthias Hinkelmann, Bremen
Umschlag- u. Innengestaltung: Matthias Hinkelmann, Bremen
Printed in Czech Republic 2014
ISBN 978-3-86647-661-5
www.anacondaverlag.de
info@anacondaverlag.de

Inhalt

Wildkräuter & Rezepte

Inhalt

Vegetarische Alternativen für Fisch- und Fleischrezepte

Nicht nur sehr dekorativ, sondern auch eine Bereicherung für die gute Küche: heimische Wildkräuter

Fragen, Antworten und Definition

Wir laden Sie herzlich zu einer gemeinsamen Reise in die heimische Kräuterwelt ein! Sie betreten mit diesem Buch ein unbekanntes, aufregendes Land, dessen wilde Bewohner Ihnen überraschende und erfreuliche Erlebnisse bescheren und Sie motivieren werden, Kulinarisches mit ihnen zu entdecken und zu kreieren. Dabei informieren, beraten und begleiten wir Sie nach besten Kräften und wünschen Ihnen viel Freude beim Suchen, Sammeln, Kochen – und Genießen!

Bevor Sie jedoch starten, gibt es einige wichtige Fragen zu klären, die manche Skeptiker beschäftigen und die wir Ihnen nun präsentieren und beantworten möchten.

❙ Herr M. empört sich: »Schon wieder diese lästige Melde in meinem schönen Radieschenbeet!« – »Jawohl! Dieses Unkraut gehört verboten!«, stimmt ihm seine Nachbarin Frau R. lautstark über den Gartenzaun zu.

➜ »Das ist ja Unkraut!« – Warum ist ein wildes Kraut eigentlich »un«? – Nur weil wir es nicht zu unseren bekannten Nutzpflanzen zählen? Wenn Sie nach der Lektüre unseres Buches wissen, wie schmackhaft und vielfältig Sie mit Wildkräutern kochen und würzen können, werden Sie ihnen gerne einen Lieblingsplatz auf Ihrem Speiseplan einräumen. Darüber hinaus besitzen wilde Kräuter Inhaltsstoffe, die Ihrer Gesundheit zugutekommen und die aus den kultivierten Kräutern eventuell herausgezüchtet worden sind.

❙ Frau Z., in ihrer umfangreichen Sammlung von Kräuter-Kochbüchern stöbernd, etwas genervt: »Kann man eigentlich mit Wildkräutern mehr als nur Salate zubereiten?«

➜ Ja, das kann man durchaus! Wir zeigen es Ihnen anhand unserer Rezepte für delikate Gerichte mit Fisch und Fleisch, mit vegetarisch Vielfältigem oder Süß-Verlockendem – etwas für jeden Geschmack. Die dreißig heimischen Wildkräuter, die wir Ihnen hier präsentieren, geben jedem Gericht eine ganz besondere Note.

❙ Klaus H., ein eiliger Zeitgenosse, strebt mit dem Einkaufswagen dem Supermarkt entgegen, in der Hand den Einkaufszettel. »Verflixt, Hirtentäschel, Schafgarbe, Gundermann ... – Warum gibt's die nicht im Supermarkt?«, brummt er frustriert vor sich hin.

➜ Besuchen Sie doch den unerschöpflichen »Supermarkt« unserer heimischen Natur – im nächstgelegenen Park, auf einem Ausflug zu Feldern, Wäldern und Wiesen. Überall dort, wo die Natur noch naturbelassen ist, werden Sie eine Fülle von Wildkräutern finden, selbst in der Großstadt. Dieses Buch beschreibt für jedes vorgestellte Kraut den ihm gemäßen Standort.

❚ Frau B., eine gestandene Mittvierzigerin, die auf ihre Gesundheit achtet, liest interessiert den Artikel zu Wildkräutern in der Apotheken-Umschau. Sie meint nachdenklich: »Hm … wilde Kräuter, hört sich ja interessant und gesund an. Aber sind die nicht mit Schadstoffen ziemlich stark belastet?«

➜ Natürlich sollten Sie Ihre Wildkräuter nicht gerade entlang der Autobahn suchen, obwohl sie dort manchmal besonders üppig sprießen. Auch im eigenen Garten oder auf Feldern sind Kräuter, Gemüse, Obst und Getreide nicht vor Schadstoffen gefeit. Liegt Ihr Garten vielleicht in der Nähe einer viel befahrenen Straße oder gar an einer Eisenbahnlinie?

Bei Wildkräutern können Sie den Sammelort selbst auswählen. An naturbelassenen und »ungestörten« Standorten in der Natur finden Sie sicher unbelastete Kräuter – ohne »Würze« durch Abgase, Pestizide oder Gülle.

❚ Ein Picknick auf der Waldwiese – Ute B. ruft ihrer Freundin Petra K. begeistert zu: »Oh, schau doch mal! Sehen diese Kräuter nicht toll aus? Die würde ich auch gerne mal in meiner Küche ausprobieren!« Petra: »Aber gibt es denn nicht viele giftige Kräuter? – Vielleicht sind das ja auch welche!«

➜ Es gibt – ähnlich wie bei Pilzen und Beeren – Giftiges auch bei Wildkräutern. Wir haben jedoch ganz bewusst auf einige heimische Wildkräuter verzichtet, die den Speisezettel bereichern und auch häufig zu finden sind. Diese können aber sehr leicht mit gesundheitsschädlichen Doppelgängern verwechselt werden.

Im Übrigen gilt, wie beim Sammeln von Beeren und Pilzen, auch bei Wildkräutern die Devise: Immer genau anschauen und im Zweifelsfall in Ruhe weiter wachsen lassen.

❚ Alle Teilnehmer einer Kräuterführung im Allgäu sind mit Begeisterung bei der Sache, betrachten und identifizieren die wilden Kräuter in ihrer Umgebung. Als die Leiterin Frau T. vorschlägt, mit diesen Kräutlein gemeinsam Leckeres zu kochen, ertönt aus dem Hintergrund der empörte Aufschrei: »Und was ist mit dem Fuchsbandwurm?« – Die Mundwinkel sinken nach unten und alles verfällt in Schockstarre!

➜ Nur ein geringer Teil der Fuchspopulation ist vom Fuchsbandwurm befallen. Die Eier dieses Parasiten können in seltenen Fällen beim Menschen eine Lebererkrankung auslösen, wenn sie in den Verdauungstrakt gelangen. Unsere Hunde und Katzen können übrigens auch zu möglichen Überträgern werden! Weiteres Wissenswertes zum Thema Fuchsbandwurm finden Sie im Kapitel »Wildkräuter und Gesundheit«.

Nach dem gründlichen Waschen der Kräuter sollte man sie entweder blanchieren oder mindestens über 60°C erhitzen. Dies tötet eventuell vorhandene Bandwurmeier mit Sicherheit ab. Deshalb werden die Wildkräuter in unseren Rezepten entweder mitgekocht oder blanchiert. Salate oder kalt zubereitete Gerichte haben wir in den Rezeptvorschlägen bewusst vermieden.

Die Kräuter in diesem Buch sind essbare wilde Pflanzen, die aber für Verzehr und Verkauf nicht speziell gezüchtet und planmäßig angebaut werden. Sie wachsen dort, wo sie die für sie günstigsten Bedingungen finden. Wir haben uns auf die krautigen Pflanzen konzentriert, natürlich gibt es auch essbare Pflanzenteile von wild wachsenden Sträuchern, Bäumen, Gräsern, Farnen und Moosen.

Kräuter sind entweder »wild« oder »kultiviert«, doch die Einordnung in diese Kategorien kann sich von Zeit zu Zeit durchaus ändern. Einige bekannte Wildkräuter werden, ganz dem Trend zur »natürlichen« Küche folgend, heute schon gezielt angebaut. So kann man Bärlauch und Sauerampfer in Gärtnerei und Supermarkt als gezüchtete Pflanze in kleinen Töpfchen kaufen, bereit zum Verzehr oder um sie im eigenen Garten anzusiedeln. Löwenzahn wird vor allem in Frankreich kultiviert und Rüben-Kohl ist bei Italienern sehr beliebt, wird also ebenfalls entsprechend der Nachfrage angepflanzt.

Kräuter wildern dagegen aus Gärten auch wieder aus, deshalb hat zum Beispiel die Kapuzinerkresse hier ihren Platz gefunden. Margerite, Stiefmütterchen und Gänseblümchen gibt es sowohl als kultivierte wie auch als wilde Varianten in Gärten und freier Natur.

Auswahl der Wildkräuter und Rezepte

Die dreißig Wildkräuter, die in diesem Buch die Hauptrolle spielen, sind das Ergebnis einer sorgfältigen Auswahl, die den Aspekt in den Mittelpunkt stellt: Wie schmecken sie? Können sie Gerichten eine besondere Note geben? Kann jedes Kraut für sich in dem jeweiligen Gericht bestehen? Wir haben pro Gericht nicht – wie vielfach beim Kochen mit ihnen üblich – mehrere Wildkräuter zu einem Ensemble verbunden, sondern jedes einzelne trägt in seiner ausgeprägten Eigenheit zur Harmonie mit allen anderen Zutaten bei.

Dabei ist eine bunte Melange entstanden: Wildkräuter, die traditionell zum Kochen verwendet werden, etwa Sauerampfer und Knoblauchsrauke, treffen auf bekannte »Heilkräuter« wie zum Beispiel Ringelblume, Kamille und Schafgarbe. »Unkräuter« wie der Giersch würzen vortrefflich und Stachliges wie die Distel verbindet sich mit Nordafrikanischem. Kräuter, die oft als Tischschmuck dienen, wie etwa die Margerite, erweisen sich als vortreffliche Begleiter für Fleisch und Fisch.

Ein wenig »multikulti« geht es in diesem Kochbuch ebenfalls zu. Mit mediterranen Anklängen zum Beispiel an die italienische, griechische und französische Küche oder an orientalische Gerichte. Aber auch Rezepte in deutscher bzw. österreichischer Tradition sind vertreten, etwa die

Nockerln, die hier aber herzhaft gewürzt sind. Traditionell cook-it-yourself ist dabei die Art des Kochens: So ist zum Beispiel der Fischfond der Suppe mit Ringelblumen nicht fertig aus dem Glas entnommen.

Trotzdem sind die Gerichte einfach, unkompliziert und meistens schnell zubereitet. Wichtig sind gute und frische Zutaten, die Sie entweder in der Küche vorrätig haben bzw. überall kaufen können, in Kombination mit den sorgfältig ausgewählten Wildkräutern. Jedes Rezept ist ein Vorschlag, den Sie nach Geschmack und Belieben variieren und verändern können. Weitere Verwendungsmöglichkeiten sind jeweils erwähnt.

Voraussetzung für ein erfolgreiches Sammeln der »Hauptakteure« ist eine sichere Identifizierung, also z. B. äußere Erscheinung, Standort, Sammelzeit und Sammelgut. Wir stellen Ihnen in diesem Buch unter »Wildkräuter & Rezepte« zunächst das jeweilige Kraut in Bild und Profil auf einer Doppelseite vor. Danach schließt sich der Rezeptvorschlag auf zwei weiteren Seiten an.

Für die Gerichte, die als Zutat Fleisch bzw. Fisch enthalten, haben wir leckere vegetarische Alternativen entwickelt, die wir Ihnen in einem separaten Teil präsentieren.

Praktische Hinweise zum Sammeln und Kochen

Damit Sie von Anfang an Freude und Erfolg auf Ihrer Entdeckungstour in unsere heimische Wildkräuterwelt haben, möchten wir Ihnen hier einige praktische Hinweise geben.

Sammeln:

WAS?

1. Sammeln Sie nur Wildkräuter, die Sie eindeutig identifizieren können. Am besten erkennbar sind sie zur Zeit ihrer Blüte.

2. Bitte pflücken Sie an einem Standort immer nur die wirklich benötigte Menge und nie den ganzen Bestand, damit die Wildkräuter weiter gedeihen können. Wählen Sie möglichst Pflanzen aus, die zahlreich oder in Kolonien stehen, und merken Sie sich diesen Standort für spätere Sammeltouren.

3. Die Wildkräuter sollten sauber, ohne Flecken und Fäulnisstellen und möglichst trocken sein.

WO?

1. Bitte nur Wildkräuter an naturbelassenen Orten suchen und sammeln. Die besten Fundstellen sind Waldränder und -lichtungen, ungenutzte ländliche Wiesen, Ufer von Flüssen und Bächen.

2. Wildkräuter **nicht** sammeln
   - auf frisch gedüngten oder mit Kunstdünger bestreuten Feldern;
   - in der Nähe von Straßen, Industriegebieten, Deponien, aber auch nicht auf viel genutzten Rasenflächen in der Stadt – Stichwort Liege- oder Hundewiese;
   - in geschützten Gebieten – Stichwort Moore oder auch Salzwiesen im Wattenmeer. Auch während der Brunftzeit oder »Kinderstube« der Wildtiere ist behutsames Vorgehen beim Betreten von Wald und Wiese ratsam.

WANN?

1. Von Ende Februar bis zum ersten Frost Ende Oktober/Anfang November können Wildkräuter gesammelt werden, jedes Kraut hat seine spezielle Hoch-Zeit.

2. Eingeschränkt ist das Angebot in der Natur während der drei Wintermonate. Aber auch in dieser Zeit gibt es Kräuter, die überwintern und, wenn auch mit einiger Mühe, gefunden werden können, etwa die Vogelmiere oder die Blattrosetten des Gänseblümchens.

3. Nach dem Ende ihrer Wachstumsphase bilden viele Pflanzen in ihren Blättern einen Enzymhemmer aus, der nach Verzehr eine Enzymblockade im Verdauungstrakt bewirken kann. Wenn die Blätter bei günstiger Witterung nachwachsen, sind sie frei von diesen Blockern. Sammeln Sie die Kräuter also am besten in der Hauptwachstumsphase.

4. Wenn es möglich ist, sammeln Sie die Wildkräuter am besten zeitnah vor ihrer Verwendung in der Küche.

5. Beste Sammelzeit ist vormittags an sonnigen Tagen, wenn der Tau auf Blättern und Blüten getrocknet ist.

6. Die jungen Blätter der Wildkräuter zu Beginn ihrer Wachstumsperiode sind am zartesten und schmecken am besten. Ältere Blätter ändern ihren Geschmack, sie werden intensiver oder auch bitter.

7. Blüten werden gesammelt, wenn sie aufblühen oder wenn sie in voller Blüte stehen.

8. Wurzeln und Knollen sammelt man frühmorgens oder abends, dann ist die Konzentration der Wirkstoffe am höchsten. Das gleiche Prinzip gilt für Frühling und Herbst: Wurzeln und Knollen sammeln, bevor das Wildkraut austreibt oder wenn die Pflanze abgestorben ist.

9. Samen werden nach dem Verblühen der Kräuter abgenommen.

Mit den richtigen Utensilien macht die Entdeckungstour in die heimische Kräuterwelt doppelt Freude

WIE?

1. Am besten stellen Sie sich einen Sammelkorb mit Utensilien zusammen:
   - ein kleiner Korb aus Weidengeflecht oder auch ein Spankörbchen;
   - Schere oder Messer, um die Kräuter nicht abzureißen;
   - eine kleine Grabschaufel, nützlich, um Wurzeln oder ggf. zusammenhängende Pflanzenbüschel auszugraben. Oft ist der Boden nach Trockenheit fest und muss vorsichtig um das Kraut gelockert werden;
   - Papiertüten, die die Wildkräuter nach Sorten getrennt aufnehmen und luftdurchlässig sind (keine Plastiktüten!);
   - Wasserflasche und Küchenkrepp, um die Wurzeln von Kräutern feucht zu halten.

2. Lagern Sie die Wildkräuter locker im Sammelkorb. Gequetschte oder geknickte Kräuter verlieren ihren Saft und damit gehen Wirkstoffe verloren.

3. Lassen Sie den Korb mit den gesammelten Wildkräutern nicht in der Sonne stehen. Den Kräutern werden dann Feuchtigkeit und damit Wirkstoffe entzogen.

Kochen:

Nun haben Sie Ihre Schätze unversehrt und frisch nach Hause transportiert und es geht an die Zubereitung. Folgendes sollten Sie berücksichtigen:

1. Verwenden Sie die Wildkräuter so frisch wie möglich, dann sind noch alle Vitamine und Nährstoffe vorhanden. Wenn sie bis zum Verzehr noch etwas warten müssen, wickeln Sie die Kräuter am besten solange in ein sauberes, feuchtes Geschirrhandtuch und bewahren Sie sie im Gemüsefach des Kühlschranks auf.

2. Säubern Sie die Kräuter vorsichtig, aber gründlich unter lauwarmem Wasser.

3. Die Wildkräuter werden am besten gehackt oder mit dem Wiegemesser fein zerkleinert, die Samen im Mörser zerstoßen. Im Mixer dagegen zerstören Sie ihre Zellstruktur und setzen Gerb- und Bitterstoffe frei.

4. Wildkräuter können im Geschmack variieren. Er kann z. B. von Standort und Wachstum des Wildkrauts abhängig sein. So sind die jungen, frisch entfalteten Blätter oft saftiger, geben den Gerichten aber unter Umständen weniger Aroma als ältere. Die Art der Zubereitung sollte sich daher auch nach dem jeweiligen Entwicklungsstand der Pflanzen richten – also Verwendung als Salat oder Gemüse, Dip oder Eintopf etc.

Ob Kräuter mitgekocht oder erst gegen Ende der Garzeit hinzugegeben werden, verändert evtl. auch ihren Geschmack und den des Gerichts. Die meisten Kräuter werden jedoch erst zum Ende der Zubereitung beigegeben und erhitzt.

Es gibt viele unterschiedliche Nuancen an Aromen in der Palette unserer Wildkräuter: Intensiv würzen z. B. der Ackersenf oder der Gundermann, sehr dezent dagegen sind das Acker-Stiefmütterchen und die Taubnessel.

Generell lässt sich sagen, dass der Geschmack von heimischen Wildkräutern sanfter ist als der von kultivierten Kräutern. Er erschließt sich Ihnen nicht immer bereits im ersten Moment des Kostens. So duftet und schmeckt der aus der Mittelmeerregion stammende Thymian sofort intensiver als unser heimischer Sand-Thymian. Dieser verleiht Ihrem Gericht aber eine sehr angenehme, nachhaltige und feine Würze. Deshalb lautet die Devise: Ausprobieren und am besten nach eigenem Belieben dosieren!

Wildkräuter und Gesundheit: Qualität, Wirkung und Gefahren

Gundermann, Klee, Labkraut, Queller und Spitzwegerich ... Jahrhundertelang hatten Wildkräuter wie diese ihren festen und selbstverständlichen Platz im täglichen Leben der Menschen – als schmackhaftes Wildgemüse, Würze vieler Gerichte und nicht zuletzt als unentbehrlicher Bestandteil der Hausapotheke. Man kannte sich bestens aus in ihren vielfältigen Eigenschaften: Zur Schönheit trugen viele bei, manche färbten Stoffe, Labkraut half bei der Zubereitung von Käse, Queller lieferte notwendiges Jod bzw. war sogar an der Herstellung des kostbaren Glases beteiligt ...

Der hohe Stellenwert der Wildkräuter zeigt sich in ihren zahlreichen, oft malerischen volkstümlichen Namen wie Heckenkieker, Zuckerblümli und Augenbraue der Venus, die die Menschen ihnen gaben und die entweder ihr Aussehen oder ihre Nützlichkeit herausstellten.

Käse, Kleidung oder gar Glas selbst herstellen – diese traditionellen Fertigkeiten sind im modernen Alltagsleben wohl kaum noch von Bedeutung. Aber warum entdecken und testen Sie nicht einmal Aroma, Geschmack und Wirkung unserer heimischen »Wilden« zur Erweiterung des Repertoires Ihrer Kochrezepte?

Noch immer besitzen die Wildkräuter, die sozusagen direkt vor Ihrer Haustür wachsen, diese attraktiven Eigenschaften: Sie würzen sanft und interessant – Gerichte lassen sich mit ihnen auf vielfältige Weise und in vielen schmackhaften Kombinationen zubereiten.

Gleichzeitig wirken sie positiv auf die Gesundheit und dadurch auch auf das Wohlbefinden, denn sie enthalten mehr Vitalstoffe als die kultivierten Kräuter, schenken Ihnen also ein Vielfaches an Vitaminen, Mineralstoffen und sekundären Pflanzenstoffen.

Es ist jedoch sehr wichtig, sich vor dem Sammeln gut zu informieren, um eine Verwechslung mit unverträglichen, ja manchmal sogar giftigen Wildkräutern zu vermeiden. Bitte sammeln Sie nur die Kräuter, die Sie absolut eindeutig identifizieren können!

Nun ein Wort zum Fuchsbandwurm, der manche Menschen so beunruhigt, dass sie auf das Sammeln von Wildkräutern, Beeren und Pilzen ganz verzichten wollen.

Der Fuchsbandwurm ist ein Parasit, der vor allem den Rotfuchs befällt. Der Fuchs scheidet die Eier des mit seiner Nahrung aufgenommenen Bandwurms wieder aus. Sie können eventuell auf wilden Pflanzen haften. Auch kultivierte Pflanzen in den Gärten könnten davon betroffen sein. Durch umherstreifende Hunde und Katzen kann es ebenfalls zu einer Kontamination zum Beispiel von Gartengemüse oder -kräutern kommen. Gelangen die noch vitalen Wurmeier in die menschliche Nahrung, kann in seltenen Fällen

die Krankheit Echinokokkose ausgelöst werden. Bisher gibt es aber keine gesicherten Erkenntnisse über Anzahl oder Ausmaß der Erkrankungen.

Man sollte über dieses Risiko informiert sein, es jedoch auch nicht überbewerten. Bitte lassen Sie sich nicht davon abhalten Wildkräuter zu sammeln! Mit etwas Sorgfalt lässt sich das Risiko einer Infektion ausschalten.

Hygiene und Hitze ergeben einen sicheren Schutz: Wenn man vor der Zubereitung von Wildkräutern wie gewohnt die Hände gründlich wäscht, ebenso sorgsam wie die betreffenden Kräuter, und diese entweder blanchiert bzw. beim Kochen über 60° erhitzt, so ist dies nachweislich die sichere Methode, etwaige Eier des Bandwurms abzutöten. Einfrieren nützt dagegen nichts, denn die Eier sterben erst bei −80° ab.

Wir bieten in unseren Rezeptvorschlägen daher keine frischen Salate an. Wildkräuter verwenden wir nur in erhitztem Zustand bzw. empfehlen sie vorher zu blanchieren – Sie sind damit auf der sicheren Seite. Angenehmer Nebeneffekt dieser Methode: Das saftige Grün der Kräuter bleibt erhalten. Sie können also die Wildkräuter-Gerichte in diesem Buch unbeschwert genießen!

Dieses Buch wird Ihnen mit seinen detaillierten Fotografien und deutlichen Beschreibungen der Kräuter gewiss von großem Nutzen sein – beim Entdecken und Sammeln in der freien Natur und natürlich auch bei der kreativen Zubereitung in Ihrer Küche.

Bei der Illustration des Buches haben wir großen Wert auf eine korrekte, ungekünstelte Darstellung gelegt. Unsere Fotografien der Kräuter und Gerichte wurden ausschließlich bei natürlichem Licht aufgenommen – es sind also keine Studioaufnahmen. Wir haben auf jegliche »Kulissen« und fotografische »Effekthaschereien«, wie sie heutzutage in vielen Kochbüchern und -zeitschriften zu finden sind, verzichtet. Im Fokus unserer Darstellungen steht die gute Erkennbarkeit der jeweiligen Wildkräuter und der Gerichte mit ihren Zutaten durch eine detailreiche Abbildung.

Sie werden es auf Ihrem Teller genauso ansprechend anrichten und dekorieren können – denn auch das Auge »isst mit«!

Viel Vergnügen beim Sammeln und guten Appetit beim Essen!

Wildkräuter & Rezepte

Auf den folgenden Seiten stellen wir Ihnen 30 heimische Wildkräuter und dazu spezielle Rezeptkompositionen vor. Sie sind immer für zwei Personen berechnet.

Von **A** wie Ackersenf bis **W** wie Wiesenschaumkraut erhalten Sie zunächst eine genaue Abbildung und Beschreibung der Pflanze. Daran schließt sich der Rezeptvorschlag an.

Kräuterprofil ☙   🍽️ Rezept

Die Kräuterprofile sind am linken Rand mit einer Monatsleiste versehen, auf der Sie die ungefähre Sammelzeit des betreffenden Wildkrauts auf einen Blick ablesen können.

Bei den Rezepten finden Sie eine Leiste mit Geschmacksprofilen, die Ihnen vorab einen kleinen geschmacklichen Eindruck des Krauts geben kann.

Für alle, die ausschließlich vegetarisch kochen möchten, werden die Gerichte mit Fleisch oder Fisch in diesem Buch auch in leckeren, rein vegetarischen Umsetzungen angeboten. Hierzu sind Rezepte mit Fleisch- oder Fischanteilen oben rechts mit einem Symbol und einer Seitenzahl gekennzeichnet. Ab Seite 140 finden Sie die dazugehörigen vegetarischen Alternativen.

Alternative für Fleisch  Alternative für Fisch

s. S. X   s. S. X

Ackersenf

Ackersenf

(Sinapis arvensis)

Jan.

Feb.

März

Apr.

Mai

Juni

Juli

Aug.

Sept.

Okt.

Nov.

Dez.

Name im Volksmund:
Drill, Hederich, Hiark, Körk, Mostersad, Senfkraut, Wilder Senf.

Familie:
Kreuzblütler.

Standort:
Auf Äckern, wie schon sein Name andeutet, und Brachflächen, an Wegrändern, in Gärten und überall dort, wo gern gepflügt wird, wächst er besonders üppig. Sonnigen Standorten gibt er den Vorzug.

Größe:
Mit einer Höhe von 20 bis zu 100 cm erhebt er sich oft über seine Pflanzennachbarn und macht sich dadurch deutlich bemerkbar. Zudem tritt er häufig in großen Gruppen auf.

Blätter:
Die Blätter unterscheiden sich in Form und Größe: Die unteren werden bis zu 20 cm lang, haben einen kurzen Stiel und zeigen eine fast leierförmige Gliederung. Die Blätter im oberen Bereich des Stängels sind gezähnt, spitz, oft ungeteilt und fast sitzend.

Blüten:
Mit seinen schwefelgelben Blüten leuchtet der Ackersenf von Juni bis Oktober schon von Weitem entgegen. Sie sitzen zahlreich in lockeren Trauben am Ende der Stängel. Ihre vier Kron-blätter stehen im Kreuz und zeigen leicht ab-fallend nach außen.

Stängel:
Im unteren Teil borstig behaart, wächst er aufrecht und im oberen Teil stark verzweigt.

Sammelgut:
Blätter, junge Pflanzenteile und Samen sind ver-wendbar. Gesammelt werden die Blätter und jungen Pflanzen im Mai/Juni vor der Blüte, die Blüten von Juni bis Oktober, bei mildem Wetter eventuell auch länger, die Samen vom Früh-sommer bis Herbst.

Besonderheit:
Die Schoten mit ihren Samen in Doppelreihe können jung behaart sein, später auch kahl. Sie sitzen an einem kleinen Stiel und sehen etwas »genoppt« aus. Die Schote läuft in einen fast 2 cm langen Schnabel aus, der säbelartig ge-krümmt ist. Immer wenn eine Schote reif ist, springt sie auf und verteilt ihre Samen.

Verwechslung:
Eine Verwechslung ist möglich mit dem Hederich und dem Rüben-Kohl, den wir auf Seite 108/109 darstellen. Beide Wildkräuter sind jedoch eben-falls essbar und schmackhaft.

Gesundheitlicher Wert:
Durch seine Inhaltsstoffe Senföl, Vitamin C, Provitamin A und diverse Mineralien wirkt der Ackersenf antirheumatisch und fördert die Durchblutung und Verdauung. Er kann den Appetit anregen und hilft bei Bronchitis und Halsschmerzen (als Breiumschlag).

SAMMELZEIT

Eine scharfe Versuchung: die Ackersenf-Putenpfanne

Ackersenf, der wilde Verwandte der Senfpflanze, kann vielfältig in der Küche verwendet werden. Früher war er Bestandteil des hausgemachten Senfs. Heute werden Chutneys, Dips und Salsas zu gegrilltem Fleisch oder Fisch zubereitet, denen der Ackersenf eine besondere Note verleiht.

Die jungen Blätter mit ihrer Schärfe und auch die gekeimten Sprossen aus den Samen eignen sich,

da sie geschmacklich dominieren, eher als Würze in Gemüse, Salat und Kräuterquark oder als köstlicher Belag auf einem Butterbrot.

Wir haben die Schoten des Ackersenfs als Würze in der Marinade und auch als Zutat der Putenpfanne verwendet. Wem dies zu scharf sein sollte, nehme einfach weniger Schoten. Man gibt den Ackersenf erst nach dem Kochen an das Gericht, sonst geht seine Schärfe verloren.

Ackersenf-Putenpfanne

Zutaten:

- 2 Putenschnitzel
- 4 neue Kartoffeln
- 3–4 Möhren
- 1 Frühlingszwiebel
- 1 Lauchstange
- 4–5 Ackersenf-Schoten
- 100 g Erbsen (frisch oder TK)
- Meersalz, Pfeffer

Marinade:
- 4–5 Ackersenf-Schoten
- 1 Zwiebel
- etwas Sojasauce
- Olivenöl
- Pfeffer

❶ Zwiebel und Schoten zerkleinern, mit den anderen Zutaten der Marinade vermischen. Putenschnitzel in Streifen schneiden, für 30 Min. in der Marinade einlegen.

❷ Möhren und Lauch nach dem Waschen in Scheiben, die Frühlingszwiebel in feine Ringe schneiden.

❸ Kartoffeln waschen und mit der Gemüsebürste gründlich schrubben. In Salzwasser 20 Min. garen, aber nicht pellen.

❹ Derweil die Putenstreifen in Olivenöl anbraten, salzen, dann Zwiebel, Möhren und Lauch dazugeben. Unter ständigem Rühren etwa 15 Min. braten, bis das Fleisch gar und das Gemüse bissfest ist. Die Marinade durchsieben und die Flüssigkeit mit Erbsen und Senfschoten in den letzten 5 Min. hinzufügen. Abschmecken. Dazu die Kartoffeln »in their jackets« servieren. – *Enjoy your meal!*

▸ **Dazu passt:** frisch gepresster Orangensaft

scharf & senfwürzig

GESCHMACKSPROFIL

Ackersenf

A

Acker-Stiefmütterchen

Acker-Stiefmütterchen

(VIOLA ARVENSIS)

Name im Volksmund:
Ackerveilchen, Ackerviole, Denkblümlein, Drei-faltigkeitskraut, Muttergottesschuh, Sammet-blüemli, Stiefkindle, Schwiegerblume, Unnütze Sorge.

Familie:
Veilchengewächse.

Standort:
Das Stiefmütterchen bevorzugt trockene, aber nährstoffreiche Standorte. Ränder von Äckern, Feldern und brachliegendem Land, das zuvor be-siedelt oder bearbeitet wurde, bewohnt es als lichtbedürftiges Wildkraut gerne. Man muss aber schon genau hinschauen, um es zu entdecken.

Größe:
Als winzige Pflanze wird es meist nur maximal 20 cm hoch, dringt dafür aber in die Tiefe mit bis zu 45 cm langen Wurzeln.

Blätter:
Die Laubblätter sind von länglich-ovaler Gestalt und gekerbt am Rand, die etwas kleineren Neben-blätter dagegen fiederspaltig.

Blüten:
Da das Acker-Stiefmütterchen die kleine Ver-wandte des Wilden Stiefmütterchens und des Veilchens ist, besitzt es auch deren Blütenform.

Seine Blüte ist aber weißgelb, das untere Kron-blatt oft mit blauer Aderung versehen, die den Insekten als Orientierung dient. Außerdem ist sie deutlich kleiner als die seiner Verwandten. Vom Frühjahr bis zum Herbst kann man es oft versteckt unter anderen Wildkräutern finden.

Stängel:
Einfach oder verzweigt, aber überraschend kräftig ist der gelblich-grüne, leicht vierkantige Stängel und wie die übrigen Pflanzenteile locker behaart oder auch kahl.

Sammelgut:
Von Mai bis Oktober sammelt man das ganze Kraut mitsamt seiner Blüte, wobei man meist ein ganzes Büschel von Pflanzen aus dem Boden gräbt, da sie ineinander verschlungen sind. Also benutzen Sie zum Sammeln besser ein Messer oder eine kleine Schaufel – so bleibt die Pflanze mit ihrer Wurzel länger frisch.

Bitte mit dem Verbrauch nicht zu lange warten, das Wildkraut welkt leicht.

Verwechslung:
Diese ist möglich mit anderen Veilchenarten, mit denen das Acker-Stiefmütterchen die Form der Blüten gemeinsam hat. Sie unterscheiden sich aber in der Farbe, denn Veilchen zeigen sich blau-violett, das Wilde Stiefmütterchen hat ein gelb-violett ausgeprägtes »Gesicht«.

Gesundheitlicher Wert:
Das Acker-Stiefmütterchen hilft gegen Kopf-schmerzen, Erkältung, Husten und bei entzünd-lichen Hautproblemen.

Jan.

Feb.

März

Apr.

Mai

Juni

Juli

Aug.

Sept.

Okt.

Nov.

Dez.

SAMMELZEIT

Klein aber fein – eine delikate Entdeckung auf den zweiten Blick: das Acker-Stiefmütterchen im Dessert

Acker-Stiefmütterchen werden in Frankreich »pensées« (Gedanken) genannt. Ein angenehmer Gedanke ist es, die Blüten nicht nur als Dekoration, sondern auch als wohlschmeckende Begleiter Salaten, Suppen, Getränken und Desserts beizugeben.

Ihren sanften Einfluss und Geschmack sollten aber nur solche Speisen spüren, die nicht stark aromatisch oder gewürzt sind.

Wie wäre es mit einer Vanillecreme oder einem Vanille-Eisbecher als Partner? Zusammen mit den Blüten stellt dies eine elegante Kombination Ton in Ton dar.

Unser Vorschlag ist eine Mischung aus süßen und würzigen Komponenten: Rundkornreis nicht wie gewohnt als süßes Dessert mit Äpfeln, sondern eher mildwürzig-frisch in einer Acker-Wald-Verbindung.

Acker-Stiefmütterchen-Dessert

Zutaten:

- 3–4 Sprossen des Acker-Stiefmütterchens
- 1 Tasse Rundkornreis, gern auch Arborio-Reis
- 2 Tassen Wasser
- 1 EL Zucker
- 2 kräftige Prisen Meersalz
- 200 ml Schlagsahne
- Blaubeeren nach Belieben

❶ Das Acker-Stiefmütterchen hacken.

❷ Reis im gesalzenen und gezuckerten Wasser zum Kochen bringen, dann für 5 Min. auf Null schalten, das gehackte Wildkraut hinzugeben, zum Schluss für 10 Min. bei geringer Hitze quellen lassen.

❸ Die Sahne (flüssig oder halbsteif geschlagen) unterheben.

❹ Mit Blaubeeren und einigen Blüten als Dekoration servieren. – *Bon appétit!*

Tipp: **Bratapfel**
Äpfel waschen, einen Deckel abschneiden, Kerngehäuse herauslösen. Mit Mischung aus Mandeln, Rosinen, Honig und gehacktem Wildkraut füllen, mit einigen Butterflöckchen belegen. Äpfel in einer mit Butter ausgestrichenen Auflaufform bei 180° etwa 30 Min. backen. Dazu eine Kugel Vanilleeis.

▸ **Dazu passt:** ein naturtrüber Apfelsaft

Brennnessel

Brennnessel

(Urtica dioica; Urtica urens)

Jan.

Feb.

März

Apr.

Mai

Juni

Juli

Aug.

Sept.

Okt.

Nov.

Dez.

SAMMELZEIT

Name im Volksmund:
Donnernettel, Dudelkolbe, Hanfnessel, Rotes Feuer, Tausendnessel, Teufelskraut, Zingel.

Familie:
Brennnesselgewächse.

Standort:
Überall in feuchtem, nährstoffreichem Boden siedelt sie sich in größeren Kolonien an. Sie ist also mit Leichtigkeit zu finden an Wegrändern und Flussufern, in Wiese, Wald, Auenwäldern, auf Brachland und im eigenen Garten. Sie liebt Sonne, aber auch schattige Plätzchen.

Größe:
Von den 30 cm der Kleinen Brennnessel bis zu stattlichen 150 cm bei den großen Verwandten ergeben sich recht unterschiedliche Höhen – je nach Art, Bodenverhältnissen und Standort.

Blätter:
Am Rand sägenartig gezähnt, oben dunkelgrün gefärbt und an der Unterseite behaart, stehen sich die Brennnesselblätter auf gleicher Höhe in länglicher, an Herzen erinnernder Gestalt gegenüber. In den Blattachseln sitzen häufig auch weitere kleine Nebenblätter.

Blüten:
Die Brennnessel blüht in der Zeit zwischen Juni und Oktober. Es hängen – ähnlich wie bei den Johannisbeeren – traubig, unscheinbar und winzig grünliche oder bräunliche Blütenrispen zwischen den Blättern.

Stängel:
Die Blätter sitzen an einem ausgeprägt kantigen, kräftigen Stängel, der sowohl verzweigt als auch unverzweigt sein kann. Die wehrhaften Brennhaare umhüllen Stängel und Blattstiele.

Sammelgut:
Die Blätter sammelt man von April bis Oktober – zuerst ganz, später im Jahr nur noch die zarteren Spitzen. Im Frühjahr können die ganzen Triebe verwendet werden. Auch die Samen sind essbar und können im Frühherbst geerntet werden.

Besonderheit:
Um der Brennnessel ohne Ach und Weh nahe zu treten, braucht es nur ein wenig Knowhow: Beim Sammeln die Blätter an der Pflanze von unten nach oben fest zusammenstreifen, dann lässt sie sich widerstandslos in den Korb legen. Handschuhe anzuziehen ist nicht verkehrt.

Verwechslung:
Alle vier Arten, die in unseren Breiten wachsen, sind essbar, die Große Brennnessel tritt am häufigsten auf. Die Pillenbrennnessel ist glattrandig und ähnelt dem Majoran. Verwechslungen mit der Taubnessel (s. Seite 128) sind möglich, solange diese nicht weiß blüht – aber auch sie bereichert unseren Speiseplan.

Gesundheitlicher Wert:
Brennnesseln enthalten viel Provitamin A, Mineralsalze und Eisen. Sie sind deshalb besonders gesund. Auch ihre Samen sind vitaminreich.

Ein leckerer Dreiklang: Putenfiletstreifen mit feuriger Peperonisalsa und Brennnesselpüree

s. S. 143

Brennnesseln bieten einen recht ästhetisch-grünsaftigen Anblick, wenn sie dicht an dicht schattige oder sonnige Plätzchen bewohnen.

Nicht nur Schmetterlinge wie Admiral, Tagpfauenauge, Kleiner Fuchs und Landkärtchen »weiden« auf ihnen. Auch Menschen schätzen ihren Wohlgeschmack, wie ihn schon Rückert und Dürer priesen: minzig-delikat die jungen Pflanzen, die älteren dagegen aromatisch-kräftig herb.

Bei den jungen Pflanzen empfehlen sich als Zubereitung Salate und Speisen mit kurzer Kochdauer: Omelette, Quiche, Kräuterbutter oder Kräuterquark. Brennnesseln können später im Jahr unseren Speisezettel als Gemüse oder in der Suppe bereichern.

Probieren Sie einmal eine zart-grüne, etwas minzig geprägte Komposition, die sich zugleich feurig-scharf und saftig präsentiert!

Putenfiletstreifen mit Brennnesselpüree

Zutaten:

- 2 dickere Scheiben Putenbrustfilet oder Hähnchenfilet
- 500 g Kartoffeln
- 1 Schuss Schlagsahne oder Milch
- 1 Stich Butter
- Meersalz, Pfeffer, evtl. Sojasauce
- 4–6 junge Brennnesseln
- 4 mittelgroße Tomaten
- 2 Peperoni
- 1 rote Paprika
- 1 Zwiebel
- 1 Knoblauchzehe
- Olivenöl zum Braten

❶ Das Fleisch säubern, in Streifen schneiden und pfeffern. Anbraten, anschließend salzen.

❷ Zeitgleich die geschälten Kartoffeln in 15 Min. gar kochen. Mit dem Stampfer zerkleinern oder durch die Kartoffelpresse drehen. **Nicht** in der Küchenmaschine oder mit dem Pürierstab bearbeiten – dann wird das Püree nicht locker! Danach Butter, Sahne oder Milch hineinrühren.

❸ Brennnesseln grob hacken, blanchieren, 5 Min. dünsten, salzen und pfeffern, zum Schluss unter das Püree heben. Evtl. das Ganze nachwürzen.

❹ Tomaten häuten, Peperoni und Paprika grob zerkleinern. In heißem Olivenöl mit gehackter Zwiebel, Knoblauch und etwas Sojasauce dünsten. – *¡Buen provecho!*

▸ **Dazu passt:** ein kräftiger Rioja

minzig & herb-wild

GESCHMACKSPROFIL

Brennnessel

B

Distel

Distel

(Cirsium/Onopordum/Carduus)

Jan.

Feb.

März

Apr.

Mai

Juni

Juli

Aug.

Sept.

Okt.

Nov.

Dez.

SAMMELZEIT

Name im Volksmund:

Acker-, Feld-, Hafer-, Heu-, Korn-, Kratz- und Wegdistel wird die Acker-Kratzdistel genannt, Krampf- und Wolldistel dagegen die Eselsdistel.

Familie:

Korbblütler, zahlreiche Gattungen: Esels-, Färber-, Kratz-, Kugel-, Marien-, Ring- und Stranddisteln.

Standort:

Wie ihre zahlreichen Volksnamen andeuten, wachsen Disteln vor allem auf Wiesen, auf Äckern und am Wegesrand. Brachland und Waldlichtungen sind ebenfalls gern und häufig ihre Gastgeber.

Größe:

Zwischen 5 cm bis zu 150 cm wachsen sie bei günstigem Standort in die Höhe. In die Tiefe streben sie mit ihren verzweigten Wurzeln mehr als 100 cm, sodass sie problemlos lange Trockenzeiten überstehen können.

Blätter:

Die zweijährige Acker-Kratzdistel bildet im ersten Jahr nur eine Rosette am Boden aus, im zweiten Jahr wächst sie dann zu ihrer bekannten, imposanten Erscheinung heran. Ihre glänzenden Blätter sind gezähnt, wellig-kraus und bilden kleine Einbuchtungen, an deren Rändern unterschiedlich lange spitze Stacheln sitzen. Sie umfassen den Stängel und sind an der Unterseite zum Teil behaart.

Blüten:

Von Juli bis Ende September ziehen die rötlichen bis violetten Blütenkörbchen die Aufmerksamkeit auf sich. Auch ihre Blütenkrone ist gefärbt. Aber diese attraktiven Blüten sind leider ebenfalls umgeben von Stacheln.

Stängel:

Die Stängel mancher Gattungen sind oder sind nicht mit Stacheln besetzt, stark verzweigt und tragen an ihren Enden die Blütenkörbchen.

Sammelgut:

Alles an diesem Wildkraut kann man verwenden: Die jungen Blätter und Blütenstängel sammelt man von April bis Juni, die Blütenköpfe und Böden der Blütenkörbchen bis in den Oktober. Die Samen werden im September und die Wurzeln im Herbst und Winter geerntet. Aber Achtung – Handschuhe nicht vergessen!

Besonderheit:

Es gibt zahlreiche verwandte Arten, die in Wuchshöhe, Ausgestaltung der Blätter und Größe der Blütenköpfchen variieren. Sie sind manchmal schwer zu unterschieden, können aber alle verwendet werden. Wir haben neben der Kratzdistel auch die Eselsdistel (Fotoleiste rechts oben) abgebildet, die aber seltener zu finden ist. – Übrigens stammt die Artischocke auch aus der Familie der distelartigen Gewächse.

Gesundheitlicher Wert:

Als altes Heilkraut früher allgemein bekannt, wirkt die Distel anregend auf Leber, Galle und Nieren. Äußerlich angewendet, kann sie entzündungshemmend wirken. Sie hilft auch bei Husten.

Distel

D

Gar keine Herausforderung, sondern ein Genuss: der Distel-Couscous marokkanisch

s. S. 144

Disteln – ein majestätisches Wildkraut, das Schottland sogar in seinem Wappen führt, seit es »eigenstachlig« einen Angriff der Wikinger abgewehrt hat.

Wehren kann es sich auch heute noch jederzeit, wenn es entfernt oder gesammelt werden soll, aber Mühe und Vorsicht lohnen sich. Packen Sie den Blütenkopf am lila Schopf und trennen Sie ihn mit einem scharfen Messer vom Stängel.

Für unser Rezept haben wir uns auf die Blüten beschränkt, die dezent süß-aromatisch schmecken. Sie werden mühelos aus dem Kopf gezupft.

Wir präsentieren Ihnen ein ungewöhnliches Rezept, wie es zum Beispiel in Marokko beliebt ist – mit Couscous als »Bett« für gefüllte Feigen. Warm kann man das Gericht als kleine Mahlzeit genießen oder wie in der Türkei kalt zum nachmittäglichen Tee.

Distel-Couscous mit Feigen

Zutaten:

- 8–10 Distel-Blütenköpfe
- 100 g Rinderhack
- 2 Knoblauchzehen
- 1 Zwiebel
- 1 Bund Rauke
- Meersalz, Pfeffer,
- etwas Cumin (Kreuzkümmel)
- 4–5 frische violette Feigen
- 100 g Couscous
- 2 Msp Zimt, 1 Msp gemahlene Nelken
- einige Korinthen oder eine Handvoll getrocknete Berberitzen
- 50 g gehackte Pistazien
- 1/8 l kochendes Wasser
- Kurkuma
- Olivenöl zum Braten

▸ **Dazu passt:** ein grüner Tee

❶ Blüten kurz, aber gründlich abbrausen. Blütenblättchen aus den Blütenkörbchen zupfen. 2–3 Blütenköpfe zur Dekoration beiseite legen.

❷ Zwiebel, Knoblauchzehen, Rauke klein hacken und mit Hack vermengen. Mit Meersalz, Pfeffer und Kreuzkümmel würzen, in Olivenöl durchbraten.

❸ Feigen waschen, kleinen Deckel abschneiden, aushöhlen. Fruchtfleisch der Feigen mit Hack vermischen, Feigen füllen.

❹ Couscous und Distelblüten mischen, mit kochendem Wasser übergießen, 10 Min. quellen lassen. Mit Salz, Pfeffer, Zimt und Nelken würzen, Korinthen oder Berberitzen und gehackte Pistazien unterheben. Mit Kurkuma schön gelb färben.

❺ »Bett« aus Couscous auf dem Teller ausbreiten, gefüllte Feigen darauf setzen.
– Shahiya Tayiba!

delikat & leicht-süß

GESCHMACKSPROFIL

Distel

D

Ehrenpreis

Ehrenpreis

(VERONICA)

Jan.

Feb.

März

● Apr.

● Mai

● Juni

● Juli

● Aug.

Sept.

Okt.

Nov.

Dez.

Name im Volksmund:
Allerweltsheil, Augentrost, Chatze-Äugli, Frauenbiss oder -list, Gewitterblümchen, Kommwiederkraut, Männertreu, Schlangenkraut.

Familie:
Braunwurzgewächse, nach neueren Erkenntnissen zu den Wegerichgewächsen zählend.

Standort:
Ehrenpreis wächst gern und oft auf Wiesen, Weiden und Äckern. Man trifft ihn aber auch häufig im eigenen Garten an.

Größe:
Winzig und von Weitem leicht zu übersehen, da es nur zwischen 20 und 40 cm hoch wächst, wird das wilde Kraut zur Attraktion, wenn man sich tief zu ihm hinunterbeugt.

Blätter:
Die behaarten, eiförmigen Laubblätter mit ihrem herzförmigen Grund sind wesentlich größer als die Blüten. Ihr Blattrand ist grob gezähnt oder deutlich gekerbt, bei einigen Arten auch glatt, das Blatt kurz gestielt oder sitzend. Nerven erstrecken sich stark netzartig über das einzelne Blatt. Die ganze Pflanze erscheint mitunter wie ein krauser kleiner Haarschopf.

Blüten:
Die winzigen Blüten mit ihren vier Kelchblättern sitzen einzeln an langen Stielen in den Blatt-

achseln und leuchten zweifarbig aus dem frischen Grün: himmelblau die Krone und gelb-weiß der Schlund, sodass sie von Juli bis August überall sehr schnell aus der Nähe zu finden sind.

Stängel:
Dieser ist oft behaart und wächst am Boden niederliegend oder aufsteigend. Er bildet Ausläufer wie der Klee, wurzelt jedoch nicht am Boden und kann sowohl einfach gerade wachsend wie auch verästelt sein.

Sammelgut:
Im Frühsommer sammelt man die blühende Pflanze. Dabei ist jedoch Vorsicht geboten, denn beim Pflücken fallen die Blüten sehr schnell ab. Ob der Volksmund sie wohl aus diesem Grund »Männertreu« genannt hat? Dieser Name könnte natürlich auch von ihrem schmeichelnd-blauen »Blick« herrühren.

Verwechslung:
Die 62 europäischen Arten des Ehrenpreises unterscheiden sich nicht sehr stark voneinander und können alle ähnlich verwendet werden. Dabei macht sich jedoch der Quendel-Ehrenpreis in der Küche nicht besonders nützlich, denn er würzt nicht.

Gesundheitlicher Wert:
Der Ehrenpreis wirkt verdauungsfördernd, den Stoffwechsel anregend, blutreinigend und ist bei Atemwegserkrankungen hilfreich. Äußerlich angewendet, lindert er Juckreiz und Verbrennungen. Aus »vera unica medicina« (das einzigwahre Heilmittel) als besondere Würdigung des Wald-Ehrenpreises entstand sein Name »Veronica«.

Dieses Omelette mediterran bekommt einen Ehrenpreis!

Dem Ehrenpreis wurde, seinen Volksnamen nach zu urteilen, neben seiner ausgezeichneten Wirkung als Heilkraut offenbar einiger Einfluss auf zwischenmenschliche Beziehungen zugetraut. Man glaubte auch, dass man Gewitter herbeirufen konnte, wenn man ihn pflückte.

Wir wollen nicht gar so weit gehen und setzen ihn nur in glückliche Harmonie zu Salaten, Gemüse, Suppen, Eintöpfen und Quiches. Auch Kräuteraufstriche profitieren von seiner herben und balsamischen Würze.

Wunderschön und delikat sehen die filigranen Blüten aus, als Farbtupfer über Salat, Gemüse oder Desserts gegeben. In unserem Rezeptvorschlag nuanciert der Ehrenpreis ein einfaches Omelette, mit farbenprächtigem Gemüse appetitlich gefüllt.

Ehrenpreis-Omelette mediterran

Zutaten:

Gemüsefüllung:
- das Grün einer Frühlingszwiebel oder 1/2 Bund Schnittlauch
- je 1/2 Paprikaschote, gelb und rot
- 2 mittelgroße Möhren
- 1/4 einer Fenchelknolle
- Olivenöl zum Braten
- Meersalz, Pfeffer

Omelette:
- 4 Eier
- 1 EL kaltes Wasser
- Meersalz, Pfeffer
- 3–4 Ehrenpreis-Triebe
- Butter zum Backen der Omelettes

▸ **Dazu passt:** ein frischer Tomatensaft

❶ Frühlingszwiebel oder Schnittlauch waschen und in kleine Röllchen zerteilen. Das Gemüse waschen, putzen, in kleine, mundgerechte Stücke bzw. Scheiben schneiden. Alles in Olivenöl anbraten, unter Rühren garen. Dabei sollte es noch recht knackig bleiben. Zwiebelröllchen unterheben, würzen. Man kann auch weitere Gemüsesorten verwenden, z. B. Pilze oder auch zarte grüne Böhnchen.

❷ Die Ehrenpreis-Triebe waschen, hacken.

❸ Die Eier schaumig aufschlagen, würzen, das Wasser und das gehackte Kraut hinzugeben.

❹ Zwei Omelettes in Olivenöl backen. Wenn die Oberfläche fest zu werden beginnt, für die letzten 5 Min. den Deckel auf die Pfanne legen.

❺ Sofort mit dem Gemüse füllen und servieren. Mit Blüten des Ehrenpreis oder 1–2 Trieben dekorieren. – *Greifen Sie zu!*

Gänseblümchen

Gänseblümchen

(BELLIS PERENNIS)

Jan.

Feb.

März

Apr.

Mai

Juni

Juli

Aug.

Sept.

Okt.

Nov.

Dez.

SAMMELZEIT

Name im Volksmund:
Angerbleamerl, Augenblümchen, Maiblume, Margritli, Maßliebchen, Morgenblume, Regenblume, Sonnenblümchen, Tausendschön.

Familie:
Korbblütler.

Standort:
Rasen, Wiesen und Weiden verschönt das blühende Gänseblümchen fast das ganze Jahr über. Regelmäßiges Mähen fördert seine Ausbreitung, da die Konkurrenz der höheren Wildkräuter und Gräser auf diese Weise eingeschränkt wird.

Größe:
Trotz seiner recht geringen Höhe zwischen 3 cm bis höchstens 10 cm bemerkt man seine leuchtenden Blüten sofort.

Blätter:
Seine Blätter sind gestielt, klein und oval bis löffelförmig und liegen in dichten Rosetten auf dem Erdboden. Diese sind im Gras jedoch nicht leicht zu finden, solange sie noch keine Blüten hervorgebracht haben.

Blüten:
Aus jeder Blattrosette wachsen 3–4 allein stehende Blüten auf einem kurzen Stiel. Jede Blüte besteht aus mehr als 100 Einzelblüten, die zu einem Körbchen zusammengefasst sind. Diese gelben winzigen Röhrenblüten bilden eine Krone, um die sich die weißen Zungenblüten in doppelter Reihe gruppieren. In milden Wintern kann das Wildkraut auch schon im Januar erscheinen und blüht bis Ende November. In der Hauptblütezeit April/Mai bedeckt es in großen Teppichen Rasen und Wiesen.

Stängel:
Er ist blattlos, zart behaart und bis zu 10 cm hoch. Er trägt jeweils nur eine Blüte.

Sammelgut:
Seine Blüten werden möglichst an sonnigen Tagen geerntet, sobald das Gänseblümchen seine »Augen« aufgeschlagen hat und sollten rasch verwendet werden. Die jungen Blätter aus dem Inneren der Blattrosette und die Blütenknospen sammelt man ebenfalls.

Besonderheit:
Das Gänseblümchen richtet sich immer nach der Sonne und faltet bei Regen und auch abends seine weißen Blütenblätter über dem gelben Körbchen. Manchmal färben sich die weißen Blütenblätter rötlich, besonders nach kalten Nächten.

Verwechslung:
Das seltene Alpenmaßliebchen sieht ihm zwar ähnlich, ist jedoch wesentlich größer (bis 25 cm hoch) und bildet eine Pusteblume. Es ist nicht giftig, eignet sich aber nicht gut zum Kochen.

Gesundheitlicher Wert:
Das Wildkraut bietet wertvolle Inhaltsstoffe wie Saponine, Vitamine, Schleim-, Mineral-, Gerb- und Bitterstoffe. Diese können den Appetit und den Stoffwechsel anregen.

Gänseblümchen-Risotto mit grünem Pesto: Ein Gericht, das Sie anlächelt!

Gänseblümchen als Orakel: Er liebt mich ... leidenschaftlich ... außerordentlich ... ein wenig ... gar nicht ... Wer hat nicht schon einmal die weißen Blütenblätter dieses Wildkrautes ausgezupft und sich derart vergewissern wollen – oder Kränzchen geflochten und sich als Prinzessin gefühlt?

Und essen kann man es auch! – Es gibt Speisen ein freundliches Gesicht, würzt und ergänzt mit seinen jungen Blättern und Blüten Salat, Gemüse und Suppen nussig-herb. Auch Fisch und Fleisch verleiht es mit seiner zart-scharfen Würze das gewisse Etwas. Seine Blütenknospen schmecken sauer eingelegt wie Kapern, wie man sie z. B. von Königsberger Klopsen kennt.

Wir haben ein Risotto damit gewürzt und geschmückt. Dazu gibt es ein leckeres Pesto aus Blüten und Blättern.

Gänseblümchen-Risotto

Zutaten:

- 100 g Risottoreis
- 50 g Wildreis
- 1–2 Schalotten
- 2 Gläser Weißwein
- ca. 1 l Hühnerbrühe
- Olivenöl zum Anbraten
- 100 g grüne Erbsen, frisch oder tiefgekühlt
- Meersalz, Pfeffer
- 1 Handvoll Gänseblümchenblüten
- 2 Handvoll Gänseblümchenblätter
- 100–150 ml Olivenöl
- 1 kleines Stückchen Butter
- frisch geriebener Parmesankäse nach Belieben

▸ **Dazu passt:** ein Soave

❶ Olivenöl erhitzen, fein gehackte Schalotten und Risottoreis darin unter Rühren glasig werden lassen, mit Weißwein ablöschen, Wildreis hinzufügen. Nach und nach immer eine Kelle heiße Brühe hinzugeben, wenn der Reis die bisherige Flüssigkeit aufgesogen hat.

❷ Würzen und alles öfter umrühren, bis der Reis weich, aber noch bissfest ist.

❸ Erbsen untermischen, 7 Min. garen. Vor dem Servieren frische Gänseblümchenblüten blanchieren, darüberstreuen.

Gänseblümchen-Pesto:

Blüten und Blätter der Gänseblümchen mit Öl und Butter im Mixer pürieren. Getrennt vom Risotto servieren, sodass jeder nach Geschmack Pesto unter das Risotto mischen kann. Dazu Parmesankäse frisch darüberhobeln.

– Buon appetito!

Giersch

Giersch

(AEGOPODIUM PODAGRARIA)

Jan.

Feb.

März

• Apr.

• Mai

• Juni

• Juli

• Aug.

• Sept.

Okt.

Nov.

Dez.

SAMMELZEIT

Name im Volksmund:
Dreiblatt, Erdholler, Geißfuß, Ziegenkraut.

Familie:
Doldenblütler.

Standort:
Giersch wächst in Wäldern, Gärten und unter schattig-feuchtem Gebüsch. Er ist außerordentlich leicht zu finden, da die unterirdischen Ausläufer Kolonien bilden und sich aus einzelnen Pflanzen so binnen weniger Jahre anmutig-saftiggrüne Teppiche entwickeln.

Größe:
Er erreicht eine Wuchshöhe von 30–100 cm.

Blätter:
Sein volkstümlicher Name »Geißfuß« deutet auf die Form der Blätter (ausgeprägt wie der Fuß der Ziege) hin. Seine drei Blätter gruppieren sich gespreizt um die Blattachse und jedes trägt wiederum drei Blättchen mit gesägtem Rand. Ihre Oberseite ist kahl, die Unterseite an den Blattnerven behaart. Sie verströmen einen aromatischen Duft.

Blüten:
10–20 aus winzigen weißen Blüten zusammengesetzte kleine Dolden fügen sich zu einer großen zusammen und erheben sich im Juni/Juli in deutlichem Abstand über die frisch-grünen, bodennahen Blätter.

Stängel:
Der Stängel ist kantig gefurcht, recht kräftig und innen hohl. Aus ihm wachsen Nebenäste, an deren Enden die Dolden blühen.

Sammelgut:
Die ganz jungen, kaum entfalteten Blätter und frischen Triebe sammelt man besonders im April/Mai, die ausgewachsenen Blätter bis Juli/August, die reifen Samen nach der Blüte.

Verwechslung:
Die Blüte des Gierschs ähnelt der anderer Doldenblütler, beispielsweise der Wilden Möhre und der Bibernelle, die aber ebenfalls zum Verzehr geeignet sind.

Große Vorsicht und sorgfältige Unterscheidung sind geboten beim Gefleckten Schierling mit ähnlicher Blütendolde. Seine Blätter sind aber dreifach gefiedert, sein Stängel von blauem Reif überzogen bzw. rot gefleckt. Er riecht warnend unangenehm. Bitte orientieren Sie sich am besten nur an Blättern und Stängeln des Gierschs!

Besonderheit:
Den Giersch bitte nicht in der ersten Begeisterung über diese Entdeckung im Garten ansiedeln, denn man wird ihn nicht mehr los – außer man zieht selbst um. Also nur »in freier Wildbahn« sammeln!

Gesundheitlicher Wert:
Giersch enthält recht viel Vitamin C und Provitamin A, Eisen, Kupfer, Kalium und ätherische Öle Er ist bei uns seit Jahrhunderten in der Volksmedizin etabliert.

Giersch

G
∞

Wie wäre es heute einmal mit einem »türkisch angehauchten« Giersch-Eintopf?

Giersch ist – ähnlich wie der Löwenzahn – ein äußerst verbreitetes Wildkraut, das in Hülle und Fülle überall wächst. So hält der Giersch glücklicherweise für alle, die seinen Wohlgeschmack zu schätzen wissen, in Massen Nachschub bereit.

Angenehm würzig und im Geschmack der Petersilie ähnlich, bereichert der junge Giersch Salate, Brotaufstriche und Dips.

Die älteren Blätter, bei denen sich das Aroma verstärkt, ergänzen Suppen, Gemüsegerichte und Aufläufe, umhüllen Fleisch und Fisch mit einem grünen Mantel oder werden auch gerne als Gemüse solo gereicht. Stiele bitte immer entfernen, denn sie können bitter schmecken.

Die Samen würzen ebenfalls, sodass wir auch im Herbst und Winter auf das wohlschmeckende Wildkraut nicht verzichten müssen.

Giersch-Eintopf à la façon des Turques

Zutaten:

- je 150 g Chilibohnen und Kichererbsen
- 1–2 Lorbeerblätter
- 3–4 TL gekörnte Gemüsebrühe
- Pfeffer, Kreuzkümmel (Cumin)
- Sojasauce und ein wenig Tomatenmark
- 1 mittelgroße Möhre
- 2 mittelgroße Tomaten
- 3 mittelgroße Kartoffeln
- 2 rote Zwiebeln
- 2 Knoblauchzehen, gehackt
- Meersalz, Pfeffer
- 1 großer Strauß Giersch

❶ Bohnen und Kichererbsen (am besten nicht aus der Konserve) über Nacht in reichlich kaltem Wasser separat einweichen.

❷ Beides zusammen am nächsten Tag im Einweichwasser, dem Brühe, Lorbeerblatt, Knoblauch und die Gewürze außer Salz hinzugefügt wurden, 60 Min. köcheln lassen. Noch nicht salzen, denn dies verlängert die Garzeit.

❸ Währenddessen das übrige Gemüse zerkleinern, Zwiebeln in Ringe schneiden, alles zu den Bohnen geben und gut 45 Min. garen lassen, zum Schluss salzen.

❹ 20 Min. vor Ende der Garzeit Gierschblätter zerkleinern – jüngere als ganze Triebe in den Topf geben. Ältere Blätter wegen des stärkeren Petersiliengeschmacks bevorzugen.
– *Afiyet olsun!*

Tipp: Mit einem Stück Pide (türkisches Fladenbrot) oder einem Brötchen servieren.

▸ **Dazu passt:** ein Glas Ayran

Gundermann

Gundermann

(Glechoma hederacea)

Jan.

Feb.

März

Apr.

Mai

Juni

Juli

Aug.

Sept.

Okt.

Nov.

Dez.

SAMMELZEIT

Name im Volksmund:
Donnerrebe, Engelskraut, Erdefeu, Gewitter-
blume, Gundelrebe, Heckenkieker, Heckenmädchen, Kiek dörn Tuun, Soldatenpetersilie.

Familie:
Lippenblütler.

Standort:
Dieses Wildkraut bewohnt Waldsäume, Auen,
Wiesen, aber auch naturbelassene Gärten.
Mähen verträgt es sehr gut, Beweidung und
häufiges Betreten jedoch nur mäßig. Es ist an
solchen Stellen also selten zu finden.

Größe:
Die Triebe wachsen ca. 10–20 cm hoch.

Blätter:
Seine Blätter, die sowohl kahl wie auch behaart
sein können, fallen im Gras auf durch ihre herz-
förmig-rundliche Gestalt mit den abgestumpf-
ten Spitzen. Ihre Blattränder sind grob gekerbt.
Der botanische Name »Glechoma« deutet auf
die Ähnlichkeit mit den Blättern der Minze hin.
Bei manchen Pflanzen sind die obersten Blätter
auch rötlich »angehaucht«.

Blüten:
Von März bis Mai kann er schon recht früh im
Jahr blühen. Seine bis zu 2 cm langen Blüten mit
den ausgeprägten Lippen sind blau, manchmal
violett. Sie stehen, deutlich gestielt, zu zweit
oder dritt in den Achseln der Blätter. An den
aufstrebenden Sprossen zeigen sich zwischen
April und Juli kleine leuchtend blaue Blüten, die
gerne von Hummeln besucht werden.

Stängel:
Gundermann wächst wie der Efeu, er kriecht auf
der Erde und rankt sich an Zäunen, daher sein
Name »Heckenmädchen«. Der Hauptspross kann
in der Länge am Boden bis zu 200 cm erreichen.
Nach der Blüte biegen sich die Sprosse zu Boden
und wachsen horizontal weiter, sodass er größere
Flächen bedeckt.

Im Winter bleibt der Gundermann grün und
bildet oft Rosetten aus mehreren Sprossen am
Boden. Ab April setzt das Wachstum wieder ein.

Sammelgut:
Die Blätter und jungen Triebe sammelt man von
März bis Juni, aber auch noch später, solange er
sprießt, die Blüten ebenfalls bis Juni. Wenn man
ein Blättchen zerreibt, verströmt es einen aromatischen, würzig-minzigen Duft.

Verwechslung:
Verwechseln kann man ihn mit der in größeren
Mengen giftigen Polei-Minze. Ihre Blätter sind jedoch eiförmig, kaum gezähnt und riechen scharf-
aromatisch. Die blauvioletten Blüten stehen als
Quirle in den Blattachseln der oberen Stängel-
hälfte und ährenförmig am Stängelende.

Gesundheitlicher Wert:
Das Kraut wirkt entzündungshemmend und stoff-
wechselfördernd. Seine Blättchen enthalten viel
Vitamin C.

Gundermann

G

Eine deftig-leckere Sache, der Gundermann-Kartoffelgratin

Gundermann war in vergangenen Zeiten ein allgemein bekanntes und weit verbreitetes Würzkraut. In den »Neunkräutern« der Gründonnerstagssuppe ist er ebenso zu finden wie in Rezepten zum Konservieren von Bier, ehe der Hopfen dafür entdeckt wurde. Sein herb-aromatischer, pfeffriger Geschmack mit dem minzigen »Nachhall« verwandelt Suppen und Salate, aber auch Fisch und helles Fleisch in Delikatessen. – Als Würze genügen wenige Blätter oder Triebspitzen. Diese sind übrigens das ganze Jahr hindurch frisch sammelbar, denn das Kraut ist wintergrün.

Er ist jedoch auch als pfiffiger Bestandteil von Eiscreme oder als außergewöhnliches Schmankerl zu Kaffee oder Tee mit Blättern, die von Schokolade überzogen sind, attraktiv. Seine leuchtend blauen Blüten können dabei auch sehr dekorativ Torten und Desserts schmücken.

Gundermann-Kartoffelgratin

Zutaten:

- 1 Knoblauchzehe
- 500 g Kartoffeln
- Meersalz, wenig Pfeffer
- 1–2 Zwiebeln
- 1 Sträußchen Gundermann (würzend als Pfeffer-Ersatz)
- 200 ml Schlagsahne
- 200 ml Milch
- Butter für die Form
- einige Scheiben Schinkenspeck, dünn geschnitten (Vegetarier lassen den Schinkenspeck einfach weg)
- Gundermannblättchen und -blüten als Dekoration

▸ **Dazu passt:** ein helles Bier

❶ Die geschälten, gewaschenen, in dünne Scheiben gehobelten Kartoffeln in einer gefetteten Auflaufform, die vorher mit der Knoblauchzehe ausgerieben wurde, fächerförmig anrichten und mit Salz und wenig Pfeffer würzen. Vorsicht bei letzterem, das Kraut würzt ebenfalls! Fein gehackte Zwiebeln darüber streuen. Gundermann dazwischen platzieren und alles mit der Sahnemilch übergießen, sodass Kartoffeln und Gundermann bedeckt sind. Etwa 30 Min. muss der Gratin anschließend bei 180° im Backofen unter Beobachtung garen.

❷ Nach ca. 15 Min. den Schinkenspeck auf den Gratin legen, sodass er kross wird, aber nicht verbrennt. Wenn alles appetitlich bräunt und die Kartoffeln noch die Form behalten, aber weich sind und die Milch aufgenommen haben, aus dem Ofen nehmen. Zum Schluss mit Gundermannblättchen und -blüten dekorieren. – *E Gueter!*

Hirtentäschelkraut

Hirtentäschelkraut

(Capsella bursa-pastoris)

Jan.

Feb.

März

Apr.

Mai

Juni

Juli

Aug.

Sept.

Okt.

Nov.

Dez.

SAMMELZEIT

Name im Volksmund:
Bauernsenf, Gänsekresse, Hellerkraut, Herzkraut, Kochlöffel, Löffeldieb, Säckelkraut, Schinkenkraut, Taschenknieper.

Familie:
Kreuzblütler.

Standort:
Dieses »sonnige« Wildkraut bevorzugt nährstoffreiche Böden, also Äcker und Gärten. Man findet es auch sehr häufig an Wegrändern, Gräben und Böschungen, auf Wiesen, Weiden und Brachland.

Größe:
Zwischen 2 bis 70 cm Höhe strebt das zarte Kraut in allen möglichen Größen zum Licht. Es ist sehr anpassungsfähig und kann sich neben kräftigeren Nachbarn gut behaupten.

Blätter:
Seine Grundblätter bilden eine Rosette, die an den Löwenzahn erinnert. Sie sind schmal, länglich, gezähnt bis gefiedert, weitere Blätter des Hirtentäschelkrauts wachsen aber auch am Stängel verteilt. Die Blattform und Größe variieren sehr stark. Selbst unter der Schneedecke bleibt das kälteresistente Kraut grün.

Blüten:
Am oberen Ende des zarten Stängels erheben sich winzig kleine weiße Blüten, die wie eine Dolde zusammenstehen. Blütezeit ist das ganze Jahr über, milde Winter übersteht das Kraut im Allgemeinen unbeschadet.

Stängel:
Hirtentäschelkraut hält sich aufrecht bis aufsteigend und ist oft verzweigt. An seinem behaarten, manchmal aber auch kahlen Stängel wachsen die kleinen abgespreizten und dreieckigen Schoten, die dem Kraut seinen Namen geben (capsella = kleine Tasche).

Sammelgut:
Das ganze Kraut wird von Juni bis September gesammelt, die Blätter und Samen von März bis November. Bevor der Stängel sich entwickelt, kann die Wurzel im Frühling geerntet und roh gegessen werden. Wenn man sie später im Jahr ausgräbt, wird sie getrocknet und gemahlen.

Verwechslung:
Das Hirtentäschelkraut kann mit dem Ackerhellerkraut verwechselt werden, denn auch dieses ist klein und trägt ähnliche weiße Blüten. Seine Früchte sehen jedoch aus wie kleine flache Geldstücke, die ihm den Namen gaben, und es hat keine Rosette. Auch dieses essbare Kraut kann unbesorgt im Frühjahr gesammelt werden. Den Unterschied zum Hirtentäschelkraut riecht man, wenn man die Blätter zerreibt. Sie duften dann deutlich nach Knoblauch.

Gesundheitlicher Wert:
Das Wildkraut ist reich an Mineralien und Vitamin C. Es hilft den Blutdruck zu regulieren und stabilisiert so den Kreislauf. Es wirkt blutstillend und regt die Verdauung an. Auch bei Hautproblemen fördert es die Heilung.

Ein wenig griechisch kommen sie daher – unsere Auberginen im Hirtentäschelmantel

Hirtentäschel – Inbegriff der Beständigkeit und Nachhaltigkeit, denn alles an diesem Wildkraut kommt dem Feinschmecker zugute, und zwar rund ums Jahr: Die jungen Blattrosetten, vor der Blüte gesammelt, ergänzen mit ihrem nussig-scharfen Geschmack winterliche Salate oder geben Gemüsegerichten und Suppen eine besondere Note. Besonders Kartoffelsuppen und -salate profitieren von ihrer Würzkraft. Angenehm scharfe Nuancen verleiht das Kraut Eier- und Fischgerichten, einer Vinaigrette für Salate, auch einer Marinade oder Gemüse Antipasti. Mit den geriebenen Wurzeln des Hirtentäschelkrauts kann man wie mit Ingwer würzen.

Wir empfehlen Ihnen hier eine Vorspeise, die auch als leichtes Sommergericht denkbar ist, mit dem aromatischen Geschmack der kleinen Samen, der dem Kraut seinen zweiten Namen »Bauernsenf« gegeben hat.

Auberginentaler im Hirtentäschelmantel

Zutaten:

- 2 große Auberginen
- Meersalz
- Mehl
- 2 Eier
- 1 Tasse Semmelbrösel, mit 1/3 Tasse Hirtentäschelsamen gemischt
- reichlich Olivenöl zum Frittieren
- Meersalz, Pfeffer

Dip:
- 250 g Quark
- 100 g Crème fraîche
- 2 Frühlingszwiebeln, in Ringe geschnitten
- Meersalz, Pfeffer

❶ Stiele entfernen und Auberginen in dickere Scheiben schneiden, auf Küchenkrepp mit Salz bestreut 10 Min. ziehen lassen. Anschließend die austretende Flüssigkeit gut abtupfen. In Mehl, den verquirlten Eiern und schließlich im Brösel-Samen-Gemisch wenden. Brösel nicht fest andrücken. Man kann die Samen auch, wie wir es getan haben, zum Schluss auf die fertigen Scheiben streuen.

❷ Während die Auberginen »weinen«, den Dip aus den angegebenen Zutaten rühren.

❸ Die panierten Scheiben sofort in reichlich heißem Öl in der Pfanne goldgelb frittieren. Die Auberginen sollen quasi im Öl schwimmen, sodass sie nicht abkühlen und die Panade fettet. Salzen, pfeffern, mit Hirtentäschelsamen bestreuen – fertig.
– *Kali orexi!*

▸ **Dazu passt:** ein weißer Retsina

Kamille

Kamille

(MATRICARIA RECUTITA, früher CHAMOMILLA)

Jan.

Feb.

März

Apr.

Mai

Juni

Juli

Aug.

Sept.

Okt.

Nov.

Dez.

SAMMELZEIT

Name im Volksmund:
Apfelkraut, Kornkamille, Kummerblume, Mägde-blume, Mariamagdalenakraut, Mudderkrut.

Familie:
Korbblütengewächse.

Standort:
Die trittresistente Kamille wächst üppig auf fri-schem, nährstoffreichem Lehmboden, auf Äckern und Brachen, auf Wegen und an Böschungen – vor allem aber liebt sie Getreidefelder. Reinen Sand- und Kalkboden hingegen meidet sie.

Größe:
Ihre Wuchshöhe variiert zwischen 15 und 50 cm.

Blätter:
Diese sehen recht zart aus, sind zwei- bis drei-fach gefiedert und schmal. Die einzelnen Zipfel tragen eine Stachelspitze. Sie stehen wechsel-ständig am Stängel.

Blüten:
Von Mai bis September wachsen die Blüten einzeln oder in Paaren an einem kurzen Stiel in den Blattachseln. Ihre Hüllblätter sind behaart, daraus erheben sich Köpfchen aus goldgelben Röhrenblüten, umkränzt von weißen Zungen-blüten. Mit zunehmender Blühdauer senken sich letztere. Der Blütenboden ist kegelförmig und innen immer hohl. Typisch ist der angenehme Duft, den sie verströmen.

Stängel:
Der Stängel der Kamille wächst aufsteigend oder aufrecht, ist recht kräftig und kahl und im oberen Bereich stark verzweigt.

Sammelgut:
In den Monaten Mai bis Juli sammelt man die Blüten der Kamille – aber nur bei Sonnenschein, denn bei Regen oder verhangenem Himmel schließt sie eilends ihre Blüten. Der beste Zeit-punkt, um sie zu sammeln, ist, wenn zwei Drittel der Blüten an ihrem Köpfchen aufgeblüht sind. Ihre Laubblätter kann man jederzeit ernten.

Verwechslung:
Eine Verwechslung ist mit ihren Verwandten Hundskamille und der Geruchlosen Kamille, aber auch mit der Margerite (s. Seite 92) möglich. Die leicht giftige Hundskamille verströmt einen sehr unangenehmen Geruch, kommt aber recht selten vor. Der Geruchlosen Kamille hingegen fehlt der typische Duft und sie schmeckt weni-ger aromatisch. Zum Dekorieren wie in unserem Gericht eignet sie sich aber besonders gut.

Gesundheitlicher Wert:
Die Kamille hemmt mit ihren hochwirksamen Inhaltsstoffen Entzündungen und löst Krämpfe im Magen. Sie beruhigt und verhilft zu entspann-tem Schlaf. Man gebraucht sie als Tee, Mund-spülung, Badezusatz, zum Inhalieren und in der Aromatherapie – eine beliebte Alleskönnerin also. Vor allem war sie früher als Beistand der Frauen hilfreich bei ihren Beschwerden. Von daher leitet sich die Bedeutung ihres lateinischen Namens »Matricaria« (Mutterkraut) ab. In der Medizin werden nur die Blüten verwendet.

Eine »feine Sache«, dieses Kamille-Erbsen-Süppchen

s. S. 145

Kamille kann uns überall im täglichen Leben begleiten, wenn man dies gern möchte: Als medizinisches Allroundtalent sorgt sie für unser Wohlbefinden, in der Kosmetik klärt sie die Haut und hellt die Haare auf.

Sie färbt Stoffe gelb bzw. in Gemeinschaft mit Eisen grünlich-braun, man setzt sie dem entspannenden Bad zu, als lindernder Tee ist sie allseits bekannt.

Doch auch als schmückende Zutat im Salat und als Würze vieler Speisen verbreitet sie Wohlgefühl. Versuchen Sie auch einmal, ihre Blütenknospen zusammen mit kleinen Zwiebeln sauer einzulegen. Lecker!

Wir servieren Ihnen hier nun ein ausgesprochen schmackhaftes Trio aus Kamillenblüten und -blättern, grünen Erbsen und Cabanossi (spanische Chorizo oder türkische Sucuk passen auch).

Kamille-Erbsen-Cabanossi-Creme

Zutaten:

- etwas Butter
- 1 mittelgroße Zwiebel
- 300 ml Gemüsebrühe
- 2 Cabanossi
- 200 g grüne Erbsen (frisch oder TK)
- eine Handvoll Kamillenblüten
- 100 ml Schlagsahne oder Crème fraîche
- 5–6 Blättchen der Kamille, fein gehackt
- Meersalz, Pfeffer
- 2–3 Scheiben Baguette pro Person

❶ Butter erhitzen, die Zwiebel fein hacken und sautieren.

❷ Mit heißer Gemüsebrühe auffüllen, Cabanossischeiben schräg in Scheiben schneiden und 10 Min. darin köcheln lassen. Ausgepulte frische (oder tiefgekühlte) Erbsen, Kamillenblüten und die Sahne hinzufügen, weitere 10 Min. garen lassen.

❸ 1/3 der Erbsen und die Cabanossischeiben herausnehmen. Den Rest pürieren und Erbsen sowie Wurstscheiben wieder hinein geben, ein wenig ziehen, aber nicht mehr köcheln lassen, würzen.

❹ Das Kamillengrün zerkleinern und darüber streuen, mit Baguette servieren.
   – *Bon appétit!*

Tipp: Statt der Cabanossi können Sie zum Schluss auch frisch gepulte Krabben einlegen.

▸ **Dazu passt:** ein fruchtiger Syrah

aromatisch & leicht-süß

GESCHMACKSPROFIL

Kamille

Kapuzinerkresse

Kapuzinerkresse

(Tropaeolum majus)

Jan.

Feb.

März

Apr.

Mai

● Juni

● Juli

● Aug.

● Sept.

Okt.

Nov.

Dez.

Name im Volksmund:
Gelbes Vögerl, Großindische Kresse, Kapernblume, Kapuzinerli, Salatblume.

Familie:
Kapuzinerkressengewächse.

Standort:
Gelegentlich reißt die Kapuzinerkresse aus Gärten in die »Wildnis« aus. Gerne klettert sie an Zäunen und Mauern empor oder bedeckt größere Bodenflächen. Sie mag die Sonne, ist aber auch so schattenverträglich, dass sie dunkle Stellen unter Bäumen mit ihren exotisch wirkenden Blüten und Blättern erhellt.

Größe:
15–30 cm erreicht sie an Höhe, die kletternde Variante windet sich aber mit ihren Ranken dort, wo sie Halt und Stütze findet, wesentlich höher (bis zu 300 cm).

Blätter:
Ihre ungewöhnlichen hell- bis bläulichgrünen und schildförmigen Blätter fallen schon von Weitem auf. Sie stehen im Wechsel im oberen Bereich des Stängels, im unteren dagegen manchmal gegenständig. Die Blätter haben einen glatten Rand und Adern, die zum Zentrum laufen. Die wachsartige leicht gewellte Oberfläche sorgt für den Lotos-Effekt, indem Wasser von ihnen abperlt. Dies alles verleiht ihr ein unverwechselbares Erscheinungsbild.

Blüten:
Die intensiv duftenden und an einigen Stellen deutlich gefransten Blüten sitzen einzeln an einem langen Stiel in den Blattachseln. Sie sind auffällig gelb bzw. orangerot gefärbt. Der verwachsene Kelch läuft in eine Spitze aus wie die Kapuzen der Kapuzinermönche, nach denen die Pflanze benannt ist. »Kreß« ist übrigens die altdeutsche Bezeichnung für die Farbe Orange.

Stängel:
Ihre runden kräftigen Stängel zeigen sich je nach Art niederliegend oder kletternd, wobei die rankenden Sorten Stiele besitzen, die sich winden, auf Berührungen empfindlich reagieren und so Rankhilfe leisten.

Sammelgut:
Bis auf den Stängel kann man alle Teile der Kapuzinerkresse verwenden. Blüten, Blätter, die geschlossenen Blütenknospen und Samen, die man auch als Kapern verwenden kann, sammelt man in der Zeit von Juni bis August.

Gesundheitlicher Wert:
Als ein natürliches Antibiotikum stärkt die Kapuzinerkresse die körpereigenen Abwehrkräfte durch ihren hohen Vitamin-C-Gehalt, zeigt sich wirkungsvoll bei Erkältungen und fördert durch ihre scharfen ätherischen Öle die Verdauung sowie die Heilung bei Harnwegsinfekten. Sogar als Haarspülung gegen Schuppen lässt sie sich verwenden.

Kapuzinerkresse bitte nur in kleineren Mengen verzehren, sonst kann sie eventuell Magen- und Darmprobleme verursachen.

Eine Genuss-Kombination: Kapuzinerkresse in der Kürbiscreme

Kapuzinerkresse mit ihren in Farbe und Form äußerst flamboyanten Blüten, die an eine spanische Tänzerin beim Flamenco erinnern, schmückt nicht nur Gerichte jeglicher Art – ob Salate oder Desserts oder auch ein kaltes Buffet. Genauso hervorragend macht sie sich mit ihren pfeffrig-scharfen Nuancen, die an Garten- oder Brunnenkresse erinnern, in den Speisen: Nicht nur würzen die klein gehackten Blätter Dips, Quarkzubereitungen, Salatsaucen oder ein Butterbrot – auch Gemüse und Fischgerichte gewinnen so an zusätzlicher Würze. Probieren Sie doch auch einmal ihre Blüten mit Quark gefüllt als Antipasto!

Wir haben ihre warmen Gelb-, Orange- und Rottöne und auch ihren würzigen Geschmack deutlich unterstrichen durch eine interessante Kombination von Kürbis und delikaten Puy-Linsen – ein Genuss!

Kürbiscreme mit Kapuzinerkresse

Zutaten:

- 100 g Puy-Linsen
- 1 kleiner Hokkaidokürbis
- 3 Mohrrüben
- 1 Zwiebel
- 1 EL Butter
- 1/2 l Gemüsebrühe
- Meersalz, etwas Pfeffer
- 6–8 Blätter der Kapuzinerkresse
- 200 ml Schlagsahne

1 Linsen waschen und in ein wenig Brühe ca. 20 Min. kochen – die Puy-Linsen brauchen nicht eingeweicht zu werden.

2 Kürbis waschen, entkernen, würfeln, Mohrrüben ebenfalls zerkleinern. Zwiebel zerkleinern, in Butter andünsten.

3 Gemüse ebenfalls andünsten, mit Salz und Pfeffer würzen und Brühe hinzufügen, 20 Min. köcheln lassen.

4 Blätter der Kapuzinerkresse hacken, hinzugeben. 5–10 Min. ziehen lassen. Die Gemüsemischung pürieren, die Linsen hinzufügen, abschmecken. Sahne halb steif schlagen und auf jedem Teller einen Klacks in die Mitte der Kürbiscreme setzen.

5 Mit Blüten und einigen zerkleinerten Blättern der Kapuzinerkresse dekoriert auftragen.
– *¡Que aproveche!*

▸ **Dazu passt:** ein leichter Rosado

Klatschmohn

Klatschmohn

(Papaver rhoeas)

Jan.

Feb.

März

Apr.

Mai

Juni

Juli

Aug.

Sept.

Okt.

Nov.

Dez.

SAMMELZEIT

Name im Volksmund:
Blutblume, Feldmohn, Feuer-Mohn, Flattermohn, Klapperrose, Kornrose.

Familie:
Mohngewächse.

Standort:
Man findet ihn in einsamer Glorie oder aber in kleineren Gemeinschaften an Feldwegen und in der Nähe von Wiesen und Feldern. Auch auf steinigen oder lockeren Brachflächen wächst er gern, wird dort aber oft durch die Konkurrenz der Gräser und anderen Pflanzen zurückgedrängt. Sonnige und trockene Standorte liebt er sehr.

Größe:
Er erreicht eine Wuchshöhe zwischen 30 und 80 cm, von der aus er die Insekten mit seinen blutroten Blüten »anleuchtet«.

Blätter:
Die einfach und manchmal doppelt gefiederten und gezähnten Blätter sind recht schmal, bis zu 15 cm lang und rau.

Blüten:
Zwischen Mai und Juli erscheint am Ende jedes Stängels eine einzelne, recht große Blüte in Scheibenform: vier rote, fragile Kronblätter, im Rund symmetrisch um die grün-schwarze Mitte geordnet. Diese Blätter ähneln zerknittertem Seidenpapier und sind, ebenfalls zerknautscht, in den Knospen verborgen, die an dünnen Stängeln nach unten hängen.

Nach kurzer Zeit blüht der Mohn auf, doch fallen schon nach ein bis zwei Tagen die Blütenblätter ab – es erscheint die kahle Samenkapsel. So finden sich Knospen, Blüten und Samenkapseln zur gleichen Zeit an einer Pflanze.

Stängel:
Die Stängel des Klatschmohns sind sehr dünn, borstig behaart und wenig verzweigt. Ein wenig Standfestigkeit gibt ihnen die Wurzel, die bis zu 100 cm in den Boden reicht. Die Stängel haben klettenartigen Borstenhaare.

Sammelgut:
Vor allem die Kapseln, die den süß-würzigen Samen enthalten, werden von Mai bis Juli gesammelt. Zur gleichen Zeit werden die Blüten für Tees getrocknet oder auch zur Herstellung von Schminke verwendet. Am besten werden sie unmittelbar nach dem Erblühen geerntet.

Gesundheitlicher Wert:
Gesunde Inhaltsstoffe und roten Farbstoff, aber auch Alkaloide im Milchsaft enthält der Mohn, jedoch nicht das Morphin seines Verwandten, des Schlafmohns.

Der Samen wird in der Küche gerne eingesetzt. Beim Verzehr in großen Mengen kann er bei empfindlichen Menschen Beschwerden im Magen-Darm-Bereich hervorrufen – also bitte auf die Menge achten! Verwenden Sie nur Blüten, Kapseln und Samen – der Stängel ist für den Verzehr nicht geeignet!

Ein Sommertraum mit italienischem Akzent: Mohn-Pilze al forno

Klatschmohn gibt ein recht kurzes, aber umso malerischeres Gastspiel im Frühsommer. Da aber vor allem die Samen in der Küche verwendet werden, wirkt er dennoch nachhaltig auf unseren Speisezettel ein. Wer beisst nicht gern zum Frühstück in ein knuspriges Mohnbrötchen, auch Mohnkuchen und mit den gemahlenen Samen gefüllte Mehlspeisen sind sehr beliebt. Und der Mohnstrudel meiner schlesischen Großmutter? – Einfach unvergesslich!

Die frischen Blütenblätter, wenn sie nicht für Tees getrocknet werden, verzieren Speisen oder werden Tees, Bowle und auch Limonade beigegeben. Unsere pragmatischen Vorfahren mischten sie in den Kinderbrei am Abend, damit die lieben Kleinen besser einschliefen. So bedeutet »Papaver« als lateinischer Name des Klatschmohns so viel wie »echter Brei«. Hier nun unser spezielles Mohnrezept mit Nudeln und Pilzen – ein wenig italienisch angehaucht.

Mohn-Pilze al forno

Zutaten:

- 250 g Nudeln (Penne rigate)
- 300 g Champignons oder Waldpilze
- 1 Frühlingszwiebel
- »Röhren« einer Fenchelknolle
- Meersalz, Pfeffer, Olivenöl
- Samen aus fünf Kapseln des Mohns
- Blütenblätter einer Mohnblüte

Zutaten Sauce:

- 1 Becher Schlagsahne oder Crème fraîche
- 100 ml Gemüsebrühe
- 100 g geriebener, würziger Käse (Emmentaler zum Beispiel)
- Meersalz, Pfeffer

❶ Penne bissfest in Salzwasser, dem ein wenig Öl beigegeben wurde, kochen.

❷ Die in Scheiben geschnittenen Pilze kurz sautieren, die Röhren des Fenchels und die Frühlingszwiebel in schräge Scheiben schneiden.

❸ Alles in eine mit Öl ausgestrichene Auflaufform schichten.

❹ Mohnsamen aus den Kapseln lösen, zusammen mit den anderen Zutaten zu einer Sauce rühren. Diese über das Gemisch aus Nudeln und Gemüse gießen und den Auflauf 20 Min. im Backofen bei 180° garen lassen.

❺ Mit den in Streifen geschnittenen Blütenblättern und eventuell einigen weiteren Samenkapseln dekorieren. Stängel bitte nicht mitessen. *– Buon appetito per Lei!*

▸ **Dazu passt:** ein Bardolino

Klee

Klee

(Trifolium pratense)

Jan.

Feb.

März

Apr.

Mai

Juni

Juli

Aug.

Sept.

Okt.

Nov.

Dez.

SAMMELZEIT

Name im Volksmund:
Feldknoppern, Fleischklee, Himmelsbrot, Honig-klee, Hummellust, Sügerli, Wiesenklee, Zuckerblümli.

Familie:
Schmetterlingsblütler.

Standort:
Klee liebt Sonnenlicht, wächst aber auch im Schatten und gedeiht hauptsächlich auf Wiesen und Weiden, in lichten Wäldern sowie an Weg-rändern – dabei ist er trittresistent. Man kann ihn in Mitteleuropa von der Nordsee bis zu den Alpen überall finden und mit Leichtigkeit sammeln.

Größe:
Zwischen 15 und 60 cm hoch, wächst er aufrecht aus einer bodennahen Blattrosette empor, ist aber durch die besondere Form seiner Blätter und die leuchtend rote Blüte gut erkennbar.

Blätter:
Jeweils drei ovale Blättchen bilden eine Einheit, daher auch der botanische Name »Trifolium« (Dreiblatt). Sie sind am Stängel wechselständig mit Stielen angebunden, die bis zu 9 cm lang werden können. Die Blättchen tragen meist einen hellen, V-förmigen Fleck. Die eher lanzenartigen Nebenblätter sind mit dem Blattstiel verwach-sen. Ihr Blattrand ist glatt und ganzrandig. Die obersten Stängelblätter bilden einen Kragen.

Blüten:
In der Zeit zwischen April/Mai und Oktober ent-wickeln sich die roten, runden bis eiförmigen Blütenköpfe, die aus vielen kleinen Röhren zu-sammengesetzt sind und für Hummeln und Menschen recht einladend duften.

Stängel:
Die Stängel des Klees sind aufrecht bzw. aufstei-gend, kahl oder auch ganz leicht behaart, die eiförmigen Nebenblätter sind mit dem Stängel kranzartig um die Blüte verwachsen.

Sammelgut:
Die Blätter und Keimsprossen sammelt man von April bis Oktober, die Blüten, wenn sie voll erblüht sind. Das gesamte, gerade erblühte Kraut erntet man, um es für Tee zu trocknen.

Verwechslung:
Es gibt über 200 nahe und fernere Verwandte des Rot-Klees, die alle essbar sind. Ihre Blätter und Blüten zeigen sich recht unterschiedlich in Zeichnung und Farbe, besitzen aber alle den »Dreiklang« der Blätter. Besonders der niedrige-re, kriechende Weiß-Klee ist überall eine vertrau-te Erscheinung und wächst sowohl in ländlichen Gebieten als auch in der Stadt üppig.

Gesundheitlicher Wert:
Rot-Klee stärkt den Appetit und regeneriert, wenn man sich nach einer Krankheit erholt. Er regelt die Verdauung, hilft als Tee bei Beschwer-den der Wechseljahre und bei Kopfschmerzen. Er soll auch zur Reinigung des Blutes beitragen. Seine Blüten wirken gegen Husten – er ist also ein richtig gesundes und vielseitiges Kraut.

Klee

K

Wiese und Wald lecker auf dem Teller: Wildklee-Knödel auf Pilzragout

Rot-Klee, den wir hier seinem bekannteren, weiß blühenden Verwandten vorgezogen haben, ist ein vielseitiges Wildkraut, das schon die Indianer genossen und das seit dem vierten Jahrhundert auch in Europa regelmäßig auf den Tisch kam.

Nun denken Sie vielleicht: Futterpflanze und Glücksbringer, ja, hübsch anzusehen auch – aber essbar? Doch erinnern Sie sich noch an Ihre

Kindertage, als Sie den Nektar aus seinen Blüten »gezuzelt« haben?

Seine süß-würzigen Blüten verwandeln einfache Desserts wie zum Beispiel eine Honigbanane in etwas Besonderes. Die jungen Blätter oder die Blattspitzen der kräftigeren, sommerlichen Pflanze bieten Aromatisch-Köstliches als Gemüse, Füllung und Würze. – Wiese und Wald sind hier perfekt kombiniert!

Wildklee-Knödel auf Pilzragout

Zutaten:

Knödel:
- 150 g Magerquark
- je 6 EL Öl und Milch
- 1 Ei
- 1 Prise Meersalz
- 50 g Zucker
- 300 g Mehl, 1 Päckchen Backpulver
- evtl. etwas Grieß zur »Verstärkung«

Pilzragout:
- Butter zum Anbraten
- 500 g Pfifferlinge oder Champignons
- 1 große Zwiebel
- 1/8 l Gemüsebrühe oder Pilzfond
- 3 Handvoll Kleeblättchen
- Meersalz, Pfeffer nach Geschmack
- Crème fraîche oder Schlagsahne

▸ **Dazu passt:** ein Hefe-Weizen-Bier

❶ Kleeblätter waschen, gut abtropfen lassen.

❷ Aus den Zutaten für Knödel einen Teig herstellen. Mittelgroße Bällchen formen, in kochendes Salzwasser geben und 15 Min. bei schwacher Hitze garen lassen. Dabei vergrößern sich die Knödel beachtlich.

❸ Währenddessen die gehackte Zwiebel in Butter anbraten, die gesäuberten Pfifferlinge dazugeben, ebenfalls anbraten, mit Brühe oder Fond ablöschen, würzen. Die Kleeblättchen dazugeben.

❹ Das Ganze 10 Min. köcheln lassen, Crème fraîche oder Sahne unterrühren, die Sauce reduzieren oder binden.

❺ Wenn die Knödel an der Oberfläche des Wassers schwimmen, werden sie herausgenommen und gut abgetropft mit dem Ragout angerichtet. Zum Schluss noch mit Kleeblüten garnieren.

– A guate!

Knoblauchsrauke

Knoblauchsrauke

(ALLIARIA PETIOLATA)

Jan.

Feb.

März

● Apr.

● Mai

● Juni

● Juli

● Aug.

● Sept.

● Okt.

Nov.

Dez.

SAMMELZEIT

Name im Volksmund:
Bärentatze, Land-Hederich, Lauchkraut,
Würzkraut, Zwiebelkraut.

Familie:
Kreuzblütler.

Standort:
Knoblauchsrauke wächst sehr zahlreich in Laub-
wäldern, unter Gebüsch und Hecke, daher ihr
Name »Jack-by-the-Hedge«, den ihr die Engländer
gaben. Dicht an Mauern und Wegrainen, gern
in Gesellschaft mit Brennnessel, Gundermann,
Holunder und Vogelmiere – sie fühlt sich im
Halbschatten an feuchten Orten auf frischem
Lehmboden wohl.

Größe:
Sie erreicht eine Höhe von 20–100 cm und verankert
sich mit ihrer langen Pfahlwurzel fest im Boden.

Blätter:
Die Knoblauchsrauke besitzt zwei verschiedene
Blattformen. Die unteren, herz- bis nierenförmi-
gen Laubblätter sind größer, sitzen an längeren
Stielen und haben einen gekerbten Rand. Die
länglichen oberen Blätter mit kurzen Stielen sind
kleiner und eher unregelmäßig gezähnt. Die Blatt-
adern sind sehr ausgeprägt. Die Blätter ähneln
ein wenig denen der Brennnessel, doch den Unterschied bemerkt man sofort am Duft nach Knoblauch beim Zerreiben eines Blattes und natürlich
auch daran, dass sie nicht brennen.

Blüten:
Von April bis Juli sitzen in einer Traube am Ende
des Stängels viele kleine weiße Blüten mit vier
Kronblättern und zwei Kelchblättern. Diese reifen
zu dünnen, grünen Schoten, die nicht dicker sind
als der Blütenstiel zuvor. Ihre schwarzen Samen
sind mit kleinen Stielen an der Innenwand der
Schoten befestigt, sodass sie bei einer Berührung
nicht abfallen, sondern man sie bequem abstrei-
fen kann.

Stängel:
Der Stängel der Knoblauchsrauke ist vierkantig
geformt und am unteren Ende schwach behaart.

Sammelgut:
Das ganze Kraut, die jungen Blätter und Triebe
sammelt man zwischen April und September, es
löst somit den Bärlauch als Würze ab. Die kleinen
unreifen und reifen Samenschoten können ab
Juli/August geerntet werden. Man kann sie wie
Senfkörner verwenden. Die Knoblauchsrauke
sollte man nach dem Sammeln möglichst bald
verbrauchen. Gekocht wird ausschließlich mit
der frischen Pflanze, da sich nach dem Trocknen
ihr Geschmack und ihre Wirkstoffe verflüchtigen.

Gesundheitlicher Wert:
Früher war die Knoblauchsrauke ein bekanntes
Gewürz- und Heilkraut. Ihre Blätter wurden für
Breiumschläge verwendet und sollten gegen
Rheuma und Gicht helfen. Man sagt ihnen eine
antiseptische Wirkung nach, zum Beispiel bei
entzündlichen Wunden und Insektenstichen.
Die Blätter enthalten Vitamin C und A sowie
ätherische Öle. Das Kraut wurde ohne Wurzel
für Heilzwecke eingesetzt.

Ein herzhaftes Ensemble: Lammrippchen auf Knoblauchsrauke

s. S. 146

Knoblauchsrauke vereint die leichte Bitterkeit des beliebten Rucola mit sanftem Knoblauchduft, ist mit Leichtigkeit zu finden und zu sammeln, noch dazu sehr vielseitig einsetzbar – wie viel mehr kann man von einem Wildkraut verlangen?

Um nur einige der kulinarischen Möglichkeiten zu erwähnen: Ihre Blätter würzen Wildkräuter-Salate, Gemüse, Kräuterbutter, Zaziki und Pesto.

Sie runden pfeffrig-aromatisch den Geschmack von Fleisch- und Fischgerichten ab. Sie füllen Sandwiches und dekorieren salzige Sorbets mit den geschmacklich ebenfalls intensiven Blüten.

Bitte geben Sie das Kraut nur roh an die Gerichte, damit sich sein Geschmack nicht verflüchtigt. Das Aroma der Knoblauchsrauke ist etwas zarter als das des Bärlauchs, Sie können also ruhig großzügiger dosieren.

Knoblauchsrauke

Lammrippchen auf Knoblauchsrauke

Zutaten:

Marinade:
- 1 Knoblauchzehe
- 1 Chilischote, Rosmarin, Thymian
- 3 EL Olivenöl
- 1 Schuss Sojasauce

Fleischgericht:
- 500 g Lammrippchen oder 2 Lammfilets
- Olivenöl
- Pfeffer, Meersalz
- 2 Zwiebeln
- etwas Tomatenmark
- 1/8 l trockener Rotwein
- 1 Handvoll Knoblauchsrauke
- 6 mittelgroße Kartoffeln
- etwas Milch und Butter
- 1 Bund grüner Spargel
- etwas Gemüsebrühe

▸ **Dazu passt:** ein roter Spätburgunder

❶ Die Rippchen mindestens 60 Min. marinieren, danach pfeffern. Zwiebeln grob hacken.

❷ Rippchen, Zwiebeln und Tomatenmark in Öl anbraten, Fleisch herausnehmen. Bratensatz mit dem Wein ablöschen, das Lamm darin garen lassen, bis das Innere noch rosa ist. Dies dauert, wenn man die Rippchen am Stück belässt, ca. 20 Min., bei Lammfilets dagegen nur 10 Min.

❸ Zum Schluss salzen. Die Sauce auf die Hälfte einkochen lassen. Zuletzt die Knoblauchsrauke zugeben und in der Sauce erhitzen. Das Ganze etwas ruhen lassen.

❹ Dazu passen Kartoffelpüree und grüner Spargel, der separat und nur kurz gegart wird, wie in unserem Rezept, aber auch die klassischen grünen Bohnen oder junge Mohrrüben. – *Wohl bekomm´s!*

knoblauchartig & würzig

GESCHMACKSPROFIL

Labkraut

Labkraut

(GALIUM ALBUM)

Jan.

Feb.

März

Apr.

● Mai

● Juni

● Juli

● Aug.

● Sept.

● Okt.

Nov.

Dez.

Name im Volksmund:
Milchgerinnkraut, Wilder Krapp, Wundstillkraut.

Familie:
Rötegewächse.

Standort:
Labkraut bevorzugt nährstoffreiche Böden bis in Höhen von 2000 m und fühlt sich besonders wohl auf Naturwiesen, an Waldsäumen und auf Böden, die schon einmal vom Menschen bearbeitet wurden, nun aber brachliegen.

Größe:
Je nach Standortbedingungen variiert es in der Höhe zwischen 30 und 100 cm. Seine tief reichenden Wurzeln verankern es recht fest in der Erde.

Blätter:
Meistens stehen 3–9 Blätter in Quirlen zusammen. Die lang und schmal geformten Blätter mit ihrer »Stachelspitze« sind wesentlich länger als breit.

Blüten:
Zahlreiche gelblich-weiße, zarte Blüten an kurzen, recht kompakten Stielen verschönen mit ihren schaumig anmutenden Rispen die Natur von Juni bis September, bei mildem Wetter sogar bis in den Oktober hinein. Ihre Kronblätter sind radförmig ausgebreitet. Die einzelnen Pflanzen stehen dicht in Kolonien zusammen, sodass von Weitem die einzelnen Quirle nicht separat erkennbar sind.

Stängel:
Dünn, zart und vierkantig liegen die Stängel danieder oder wachsen aufsteigend in die Höhe. Sie enden in einem einfachen oder auch verzweigten Blütenstand.

Sammelgut:
Gesammelt wird vor allem das ganze Kraut in Blüte zwischen Juni und September. Doch findet man auch in milden Wintern frische Triebe an Stellen, die durch trockenes Gras geschützt und nicht von Schnee bedeckt sind. Obwohl das Labkraut zart anmutet, bleibt es länger frisch und muss nicht sofort nach Hause getragen und verarbeitet werden.

Verwechslung:
Das Weiße Labkraut besitzt mehrere Verwandte, die einander sehr ähneln. Alle sind genießbar, schmackhaft und duften honigartig-herb: das Echte Labkraut mit seinen gelben Blüten und auch das leicht klebrige Kletten-Labkraut.

Auch der Waldmeister, Verwandter aus der Gattung der Labkräuter, trägt ähnliche Blätter. Sie sind aber breiter und bilden einen dichteren Ring um den wesentlich kürzeren Stängel. Wegen seines Cumaringehalts sollte man davon nicht zu große Mengen genießen.

Gesundheitlicher Wert:
Labkraut ist unter anderem als Kosmetikerin tätig: Es wirkt entgiftend, fördert die Heilung von Wunden und strafft als Tee die Gesichtshaut. Als Badezusatz befreit es den Körper von Hautunreinheiten. Innerlich angewendet zeigt es krampflösende Eigenschaften.

SAMMELZEIT

Labkraut

Eine besondere Note im Spargelcremesüppchen: das Labkraut

Labkraut hilft in vielen Lebenslagen: Früher getrocknet als Bettstroh oder heute als wunderbar duftendes Sträußchen sorgt es für guten Schlaf, für Wohlgeruch und Entspannung. Blüten und Knospen im Salat oder als Aroma in Getränken, die Blätter als Blattgemüse oder ebenfalls im Salat – aus einem entsteht Vielfalt.

Seine Wurzeln färben Stoffe rot, die Blüten färben gelb. Es wird bei der Herstellung des englischen Cheddar-Käses eingesetzt: Es säuert und färbt die Milch und sorgt so für das spezielle gelblich-orangefarbene Aussehen und für den besonders würzigen Geschmack.

Diese Eigenschaften haben wir für ein schmackhaftes, grün-weißes, samtiges Süppchen genutzt, bei dem die Sahne natürlich nicht fehlen darf, denn »Galium album« bedeutet »weiße Milch«. Aber sehen – und versuchen Sie selbst!

Spargelcremesuppe mit Labkraut

Zutaten:

- 1 Bund grüner Spargel
  (alternativ auch Bohnen oder Möhren)
- 1/2 l Wasser
- 1 TL Zucker, eine gute Prise Meersalz
- 1–2 TL körnige Gemüse- oder Hühnerbrühe
- 4–6 Champignons
- 1 Schalotte
- 1 EL Butter
- 7–8 Stängel Labkraut mit Blüten
- 1 Becher Schlagsahne
- 1 TL Honig
- Meersalz, Pfeffer
- Baguettescheiben

❶ Den grünen Spargel sparsam nur am Ende schälen bzw. die Enden abschneiden, diese Abschnitte in wenig Wasser, mit Meersalz und Zucker gewürzt, in 20 Min. zu einem Spargelfond auskochen.

❷ Geschälte und gehackte Schalotte und die geputzten, in Scheiben geschnittenen Champignons kurz in Butter sautieren.

❸ Abschnitte herausnehmen, im Spargelfond die Brühe auflösen, mit den Schalottenstückchen, Honig, Meersalz, Pfeffer würzen.

❹ Das gewaschene Labkraut und die Sahne hinzufügen, erhitzen, die Spargelstangen und Champignons einlegen. 10 Min. garen lassen, abschmecken und mit Baguettescheiben servieren. – *Guten Appetit!*

▸ **Dazu passt:** ein trockner Riesling

Leinkraut

Leinkraut

(Linaria vulgaris)

Jan.

Feb.

März

Apr.

Mai

Juni

Juli

Aug.

Sept.

Okt.

Nov.

Dez.

SAMMELZEIT

Name im Volksmund:

Frauenflachs, Froschmaul, Gemeines Leinkraut, Kathrinenblume, Kleines Löwenmaul, Maulaffen, Wildes Teufelskraut.

Familie:

Wegerichgewächse.

Standort:

An sonnenbeschienenen Böschungen, auf Wiesen und auf Waldlichtungen wächst und blüht das Leinkraut besonders üppig, doch kommt es auch an schattigeren Standorten zurecht. Allerdings wächst es dort eher in die Höhe und bildet nicht so dichte Blütenköpfe. Es liebt lockeren, steinigen oder sandigen Boden, der regelmäßig vom Menschen bearbeitet wurde.

Größe:

Es kann 20–75 cm hoch werden und wurzelt bis zu 100 cm tief, wobei der Wurzelstock stark verzweigt ist. Es ist immer in kleinen Gruppen oder Kolonien anzutreffen, da es sich über Wurzelausläufer vermehrt.

Blätter:

Die Blätter des Leinkrauts sind klein, schmal, gerade und lanzenförmig und ähneln denen des mit ihm verwandten Leins. Sie sind graugrün und meist ungestielt, an den Rändern leicht nach unten umgeschlagen bzw. eingerollt. Sie betonen ihre Mitte durch einen deutlich sichtbaren Nerv und stehen wechselständig zueinander.

Blüten:

Das Leinkraut blüht opulent, als wäre es eine kleine Orchidee. Auch ähneln seine Blüten dem Löwenmäulchen: Zitronengelb bis weiß mit einem orangefarbenen Fleck auf der Unterlippe, bis zu 3 cm lang und mit einem geraden Sporn sitzen die Blüten dicht an dicht in einer Traube am Ende des Stängels.

Ihre Unterlippen sind durch ein federndes Gelenk an die Oberlippe gepresst. Ihr Nektar wird besonders von Hummeln, langrüssligen Bienen und Schmetterlingen gerne gesammelt.

Stängel:

Aufrecht und am Grund und/oder im Bereich des Blütenstandes verzweigt, ist er im oberen Drittel ganz leicht behaart.

Sammelgut:

Das Leinkraut hat zwei Wachstumsphasen: Blüten und Blätter sammelt man von Mai bis Juni, danach erneut im September und Oktober. Oft wächst es noch bis spät in den Herbst.

Man nimmt am besten die ganze Pflanze (ohne Wurzel) mit, denn die Blüten, für sich allein gepflückt, verwelken schnell. Sie schmecken leicht süß und werden vor allem zum Kochen verwendet, aber auch die graugrünen, herben Blättchen sind verwertbar.

Gesundheitlicher Wert:

Das Leinkraut wirkt als Tee entgiftend und verdauungsfördernd. Äußerlich angewendet lindert es Hautprobleme und Juckreiz bzw. hilft bei schlecht heilenden Wunden.

Eine Köstlichkeit aus dem Mittelmeer in Kombination mit hiesigem Leinkraut: die Entdeckung!

Leinkraut – mit ihm als Bestandteil eines Kochrezeptes betreten wir wohl Neuland, denn es ist im Allgemeinen als Heilkraut bekannt oder kann als Sträußchen wohl auch einen festlich gedeckten, sommerlichen Tisch mit seinen hübschen Blüten schmücken.

Doch regen seine aparten, auffallenden Blüten, die einen süßen Wohlgeschmack haben, zum Nachdenken an: Wie würden sie sich wohl in einem Salat oder Dessert, als Partner eines Fisches aus der Nordsee, eines Zucchinos oder in einem Möhrengemüse verhalten? Oder in einer Kombination mit scharfen oder würzigen Kräutern wie Kresse oder Schafgarbe?

Reisen Sie mit uns auf neuen Wegen und entdecken Sie den verblüffenden Wohlgeschmack in der farbenfreudigen Verbindung von Mittelmeer und Heimat.

Leinkraut-Tintenfischringe

Zutaten:

- 500 g Tintenfischtuben (Korpus)
- 1 Mohrrübe
- 2 Knoblauchzehen
- Meersalz, Pfeffer
- ein wenig Kurkuma
- Olivenöl
- Blüten des Leinkrauts und einige Blättchen
- einige Röschen Brokkoli
- dunkles Bauernbrot

▸ **Dazu passt:** ein Vinho Verde

❶ Frische Tintenfischtuben säubern, trocken tupfen, in nicht zu schmale Ringe schneiden, in Olivenöl ca. 15 Min. unter Rühren braten, bis sie schön bräunen.

❷ In der Zwischenzeit Mohrrübe und Knoblauchzehen schälen, die Mohrrübe in ganz kleine Würfel zerteilen, den Knoblauch in Scheiben schneiden.

❸ Tintenfischringe aus dem Öl herausnehmen, weiteres Öl hinzufügen und erhitzen, darin Mohrrüben und Knoblauch kurz braten.

❹ Die Tintenfischringe und die Blüten des Leinkrauts hinzufügen, im Öl wenden, würzen und ein wenig ziehen lassen.

❺ Brokkoliröschen waschen und separat für ca. 5–10 Min. blanchieren, eiskalt abschrecken. Einige weitere frische Blüten und Blätter vor dem Servieren über das Gericht streuen. – Und dazu ein dunkles Bauernbrot. – *Bom apetite!*

pfeffrig & fein-süß

GESCHMACKSPROFIL

Löwenzahn

Jan.

Feb.

März

Apr.

Mai

Juni

Juli

Aug.

Sept.

Okt.

Nov.

Dez.

SAMMELZEIT

Löwenzahn

(Taraxacum)

Name im Volksmund:
Ackerzichorie, Bärenzahnkraut, Düwelsbloom, Kettenblume, Kuhblume, Lichtbloom, Melkdistel, Milidistel, Pfaffenröhrlein, Pusteblume, Schäfchenblume, Sonnenwurzel.

Familie:
Korbblütler.

Standort:
Auf Wiesen und Brachflächen, an Ackerrändern und in Gärten, vor allem an sonnigen und hellen Plätzen ist Löwenzahn als goldgelber Teppich zu finden – überall dort, wo ein Pusteblumensamen hinfliegen konnte.

Größe:
Der Löwenzahn erreicht je nach Standort eine Höhe von 10–30 cm. Wenn er ungestört bleibt, entwickelt er bis zu 60 cm lange Blütenstiele und aufrechte Blätter. An einem Standort mit »Publikumsverkehr« dagegen liegen seine Blätter am Boden auf und die Stiele sind sehr kurz. Seine Wurzel wird bis zu 100 cm lang.

Blätter:
Die tief eingeschnittenen und grob gesägten Blätter, den Reißzähnen eines Löwen ähnelnd, entspringen in einer dichten Rosette der Wurzel. Zur Spitze hin ist die Zähnung nicht mehr ganz so ausgeprägt. Die Blattform variiert sehr stark, je nach den Wachstumsbedingungen der einzelnen Pflanze.

Blüten:
Im April/Mai bilden sich am Ende der langen Stängel dottergelbe, auffallende Blütenköpfe. Viele kleine Zungenblüten sind darin zu Körbchen zusammengefasst. Sie lieben intensives Licht und schließen sich bei verhangenem Himmel, Trockenheit und während der Nacht sehr schnell.

Stängel:
Bis zu 60 cm lange, blattlose und leicht filzige Stiele wachsen aus der Blattrosette. Die Stiele sind hohl, ihre Wände – wie auch die übrigen Teile der Pflanze – mit milchigem Saft gefüllt.

Besonderheit:
Nach kurzer Zeit entwickelt sich aus den gelben Blüten des Löwenzahns ein weißer Flugapparat mit zahlreichen Samen, die ziemlich weit fliegen können, manchmal mehrere Kilometer.

Sammelgut:
Blätter, Blütenknospen und Blüten werden im Frühling (April/Mai) gesammelt, die Wurzel und Blüten nochmals im Frühling oder Frühherbst.

Verwechslung:
Löwenzahn ist leicht mit den Verwandten seiner Familie, z. B. dem Herbst-Löwenzahn, zu verwechseln. Diese unterscheiden sich oft nur in der Form der Blätter, sind aber alle gleich schmackhaft.

Gesundheitlicher Wert:
Löwenzahn regt den Appetit an und wird gern auch während einer Frühjahrskur gegessen. Er ist bereits seit langem eine wichtige und anerkannte Heilpflanze in der Naturheilkunde.

Lassen Sie sich »anlachen« von herzhaft-kräftigen Löwenzahn-Nockerln in Mohrrübensauce

Löwenzahn ... dent-de-lion ... dandelion, international bekannt und geschätzt als schmackhafter Fitmacher im Frühjahr. Als Salat solo oder gemischt mit anderen Wildkräutern wie Taubnessel, Melde oder Giersch erfreut er durch knackige und würzige Frische.

Wer den herb-aromatischen Geschmack nicht mag, lege die Blätter für einige Zeit in lauwarmes Wasser oder serviere ihn als Gemüse à la grecque gedünstet mit viel Olivenöl, Zitrone, Salz und Pfeffer. Man kann damit auch kleine Blätterteigpasteten oder Lasagne füllen. Seine Blüten, zu einem feinen Gelee verarbeitet, sorgen für eine kleine »sonnige« Köstlichkeit auf dem Frühstückstisch!

Wir haben ihn sanft umhüllt im Backofen gegart und ihm eine Mohrrübensauce als mild-süße Begleiterin beigegeben.

Löwenzahn-Nockerln

Zutaten:

- 750 g Magerquark
- 4 Eier
- 60 g Löwenzahn
- 200 g Vollkorngrieß
- 1/2 l Milch
- 1 TL Meersalz
- 60 g Butter

Sauce:
- 250 g Möhren
- Meersalz
- 100 ml Wasser
- 1 TL Tomatenmark
- 50 ml Schlagsahne

❶ Den Quark mit Eigelb und dem Salz cremig rühren. Den Löwenzahn waschen, seine Blätter in feine Streifen schneiden, mit dem Grieß unter den Quark mischen. Eiklar zu Schnee schlagen, vorsichtig unterheben.

❷ In einer Auflaufform die Milch mit etwas Salz und der Hälfte der Butter erhitzen. Von der Quarkmasse Nockerln abstechen und in die Milch legen. Bei 200° im Backofen brauchen sie etwa 30 Min., bis sie schön gebräunt sind und die Milch aufgenommen haben.

❸ Für die Sauce die Möhren in feine Streifen schneiden, mit 2 EL Wasser dünsten, würzen. 100 ml Wasser, Tomatenmark und Sahne nach Geschmack untermischen, pürieren.

❹ Die Sauce in die »Kanäle« zwischen den Nockerln füllen und in der Form servieren.
– An Guaden!

▸ **Dazu passt:** ein Malzbier

Mädesüß

Mädesüß

(Filipendula ulmaria)

Jan.

Feb.

März

Apr.

● Mai

● Juni

● Juli

● Aug.

Sept.

Okt.

Nov.

Dez.

SAMMELZEIT

Name im Volksmund:
Bärmutterkraut, Falscher Holler, Federbusch, Immenkraut, Metkraut, Rüsterstaude, Wiesenkönigin, Wiesensüß, Wilder Hirsch.

Familie:
Rosengewächse.

Standort:
Mädesüß findet man sehr leicht – wegen seiner Größe ist es unübersehbar und man braucht überdies nur seiner Nase folgen, denn es duftet tatsächlich wunderbar süß: An feuchten, nährstoffreichen Standorten wie Bachufer, Gräben, Mooren und Wiesen fühlt es sich wohl.

Größe:
Die Staude erreicht eine Höhe von mindestens 50 bis gut 120 cm, manchmal sogar stolze 200 cm. Das verwandte Kleine Mädesüß wächst dagegen nur 80 cm hoch und an einem trockenen Standort. Es sieht ähnlich aus.

Blätter:
Die dunkelgrünen, gefiederten Laubblätter sind am Rand gezähnt, haben deutlich erkennbare Blattnerven und stehen im Wechsel am Stängel. Im unteren Bereich des Stängels wachsen sie dichter, im oberen Bereich dagegen spärlicher. Große und kleine Fiederblättchen wechseln miteinander ab. Die Unterseite der Blätter trägt einen weißlichen Flaum, beim Zerreiben duften sie herb-aromatisch.

Blüten:
Von Juni bis August ist die Hauptblütezeit des Wildkrauts, dessen Trugdolden aus winzigen, cremefarbenen Einzelblüten am Ende der Stängel sitzen und – besonders abends – intensiv nach Honig und Mandeln duften. Wenn zahlreiche Pflanzen dicht beieinander stehen, wirken die Blüten wie ein zarter Spitzenschaum.

Stängel:
Aus seinem kriechenden Wurzelstock treibt das Mädesüß einen kräftigen, runden Stängel aus, der deutlich rot überlaufen ist und sich erst im oberen Teil verzweigt.

Sammelgut:
Die gesamte Pflanze lässt sich zum Aromatisieren von Speisen nutzen. Man sammelt von März bis September die Blätter, von Mai bis August die Knospen und Blüten. Ab Ende März bis Ende April ist die Zeit geeignet, um ab und zu eine Wurzel des Mädesüß auszugraben und damit (in geringen Mengen) Kräutersuppen oder Gemüse zu würzen.

Gesundheitlicher Wert:
Mädesüß enthält Salicylate, Flavonoide, ätherisches Öl und Zitronensäure. Diese alte Heilpflanze schätzten bereits die Kelten als eine der drei heiligsten Pflanzen, die mit ihrem Duft Dämonen vertreiben sollte und Wohlbehagen hervorrief. In der heutigen Heilkunde wird sie als Entzündungshemmer, gegen Kopfschmerzen und Magenbeschwerden eingesetzt. Bei Erkältungen und Schmerzen wird es gerne zur Linderung eingesetzt. – Also ein vielseitiges Kraut, das unsere Sympathie verdient!

Sehr verführerisch nicht nur für Naschkatzen: Wer kann bei dieser Mädesüß-Mousse widerstehen?

Mädesüß – nicht die »seute Deern«, sondern das Versüßen von Met oder aber die Mahdsüße der verwelkenden Stängel standen Pate für den Namen dieses attraktiven Krautes.

Es gibt vielerlei Verwendungsmöglichkeiten: Als Bestandteil eines Potpourris aus frischen Blüten oder als Strauß sorgt Mädesüß für dezent-angenehmen Duft in den Wohnräumen, als Sirup aromatisiert es Mineralwasser oder Sekt.

Diversen Gerichten wie Salat, Wildgemüse, einer leichten Suppe oder Blattgelee verleihen seine jungen Blätter Wohlgeschmack. Als »Sonnen-Tee«, in der Sommer-Bowle, als Gelee, Dessert oder auch Likör lassen sich die Blüten in puren Genuss verwandeln.

Hier nun unser Rezept zum Ausprobieren, um es als duftendes Dessert oder auch an heißen Sommertagen als leichte Mahlzeit zu servieren.

Mädesüß-Mousse

Zutaten:

- 1/4 l Milch
- 1 Vanilleschote
- 2 EL Honig
- 1 Handvoll Mädesüßblüten
- 1 Tütchen gemahlene Gelatine
- 1 guter Schuss Mineralwasser mit Kohlensäure
- 1/8 l Schlagsahne

Sauce:
- 250 g Erdbeeren
- 100 g rote Johannisbeeren
- 1 EL Zucker

❶ Die Milch mit der aufgeschlitzten Vanilleschote aufkochen, darin Honig auflösen und die Mädesüßblüten in der Honig-Milch 5–10 Min. ziehen lassen. Bitte nicht mehr Blüten nehmen als angegeben, sonst wird der Mandelgeschmack zu intensiv!

❷ Blüten und Vanilleschote herausnehmen. Die Gelatine nach Vorschrift zubereiten und mit der Mädesüß-Milch vermengen.

❸ Wenn die Milch cremig und fest zu werden beginnt, mit dem Mineralwasser aufschlagen, danach die steifgeschlagene Sahne unterziehen. In Förmchen füllen und im Kühlschrank fest werden lassen.

❹ Erdbeeren und Johannisbeeren pürieren und mit dem Zucker vermischen, einige besonders schöne Früchte zurücklassen zur Dekoration. Die Mädesüß-Mousse auf den Fruchtmus-Spiegel stürzen. – *Genießen Sie es!*

▸ **Dazu passt:** ein heller Traubensaft

Margerite

Margerite

(Leucanthemum vulgare)

Jan.

Feb.

März

Apr.

● Mai

● Juni

● Juli

● Aug.

Sept.

Okt.

Nov.

Dez.

SAMMELZEIT

Name im Volksmund:
Gänseblume, Große Maßliebe, Johannesblume, Wiesen-Wucherblume.

Familie:
Korbblütler.

Standort:
Die Margerite ist eine typische Wiesenblume, aber sie bevölkert auch Weiden, den Rand von Feldern und Wegen in größeren Kolonien. Oft besiedelt sie als Pionierin neu ausgesäte Wiesen. Sie liebt einen sonnigen, nährstoffreichen Standort. Zu nasse Böden meidet sie dagegen. Man kann sich bis hoch hinauf ins Gebirge an ihren leuchtenden Blüten erfreuen.

Größe:
20–90 cm wird sie hoch und erhebt sich deutlich über den übrigen Wiesenblumen und -kräutern. Mit ihrer Pfahlwurzel verankert sie sich tief im Boden, bildet Ausläufer und auch Luftsprosse, sodass sie sehr schnell auf engem Raum größere Gruppen bilden kann und so ihrem Namen »Wucherblume« gerecht wird.

Blätter:
Ihre hellgrünen Laubblätter erscheinen zungen- bzw. spatelförmig und gestielt, die unteren meist grob gezähnt. Die oberen sind lang und schmal, gezähnt bis gelappt und »sitzen« im Wechsel am Stängel. Die Margerite überwintert in einer Blattrosette am Boden.

Blüten:
Die größere Blüte (4–6 cm im Durchmesser) und die gerade stehenden Zungenblüten unterscheiden sie von der Kamille und dem Gänseblümchen, denen sie aber im Übrigen sehr ähnelt: körbchenförmig, mit goldgelben Röhrenblüten in der Mitte, umkränzt von weißen Zungenblüten. Die Röhrenblüten, die den flachen Boden bilden, duften sehr intensiv. Die ganze Blüte steht frei über ihren Blättern. Margeritenblüten erscheinen von Mai bis September als markante weiße Tupfer im Landschaftsbild.

Stängel:
Aufrecht, kantig, etwas behaart und meist unverzweigt zeigt sich der Stängel der Margerite.

Sammelgut:
Frühling und Sommer sind die richtige Zeit, um ihre jungen Sprosse, Blätter, Blütenknospen und Blüten in den Sammelkorb zu legen. Die Grundblätter der Rosette erntet man vom Herbst bis ins Frühjahr, die Wurzel das ganze Jahr über.

Gesundheitlicher Wert:
Die Margerite wird bei Erkältungen eingesetzt, dazu bereitet man aus ihrem Extrakt einen Kräutertee. Zur Wundheilung zerdrückt man sie und legt sie als Packung auf. Aber bitte Vorsicht, bei empfindlichen Menschen kann sie unter Umständen eine Kontaktallergie auslösen.

Harmonie, Freude und Wohlbefinden, so wurde ihr im Volksmund nachgesagt, schafft sie im Haus als schmückender Strauß, Klarheit durch ihre Rolle als Orakel beim Abzählen, ob man denn geliebt wird oder nicht …

Eine besondere Note für die Kalbsröllchen durch eine besondere Blume

Margerite, die »Perle« – so die Bedeutung im Griechischen – versorgt rund ums Jahr unseren Speiseplan mit frischen Aromen: Im Winter bis ins zeitige Frühjahr werden die kräftigen Blätter ihrer Rosette oder auch die Wurzeln zu Gemüse oder Püree verarbeitet.

Die frischen neuen Blätter passen in Salate, grüne Saucen oder auch als grünsaftige Komponente in Spaghetti aglio e olio. Die süß schmeckenden Blütenknospen können, in Würzöl eingelegt oder in Teig gehüllt und frittiert, als Antipasti gereicht werden.

Wir haben dieser anmutigen Wildblume eine zweifache Rolle in unserem Rezeptvorschlag eingeräumt: als Innenleben des gerollten Kalbsschnitzels und als Würze im Couscous. Probieren Sie mal – Sie werden sehen, dass unsere Röllchen à la Saltimbocca »in den Mund springen«!

Margeriten-Kalbsröllchen

Zutaten:

- 2–3 Kalbsschnitzel, je nach Größe
- Meersalz, Pfeffer
- 10–15 Margeritenblüten und -blätter
- 1 Handvoll Petersilie
- 1 kleine Zwiebel
- 1 Schuss Olivenöl
- Meersalz, Pfeffer
- Couscous

Sauce:
- 1 Zwiebel
- Olivenöl zum Sautieren
- Salz, Pfeffer, Sojasauce
- 1/8 l Fleischbrühe
- 1 TL Rüben- oder Birnenkraut
- 20 g Butter
- 20 g Mehl

▸ **Dazu passt:** ein Toscanello Sangiovese

❶ Die Kalbsschnitzel waschen, gut trocknen und klopfen, sodass sie dünner und breiter werden, danach salzen und pfeffern.

❷ Blüten, Petersilienblättchen und gehackte Zwiebel mit dem Olivenöl pürieren, würzen.

❸ Schnitzel mit dem Püree dick bestreichen, dabei aber den Rand rundherum freilassen, aufrollen und mit Zahnstochern gut feststecken. In heißem Öl anbraten, herausnehmen. Eine gehackte Zwiebel anbraten.

❹ Den Bratensatz mit der Fleischbrühe ablöschen, würzen, die Fleischröllchen wieder einlegen und ca. 20 Min. garen lassen.

❺ Währenddessen den Couscous nach Anleitung zubereiten, würzen und mit fein geschnittenen Laubblättern der Margerite vermischen.

❻ Zuletzt aus gleichen Teilen Butter und Mehl eine kleine Kugel formen, in Stückchen zerteilen und die Sauce damit binden.
– Buon appetito!

Melde

Melde

(Atriplex)

Jan.

Feb.

März

Apr.

Mai

Juni

Juli

Aug.

Sept.

Okt.

Nov.

Dez.

SAMMELZEIT

Name im Volksmund:
Acker-Melde, Butterblümchen, Falsche Melde, Gänsefuß, Maimus, Mehlkraut, Mellenkohl, Wilder Spinat.

Familie:
Fuchsschwanzgewächse, früher Gänsefußgewächse. Allein in Deutschland gibt es 30 Arten, die sich in Blattform und Blütenfarbe sehr ähneln, weltweit etwa 1300.

Standort:
Die Melde ist eines der häufigsten Wildkräuter und begleitet bereits seit der jüngeren Steinzeit unsere Kultur. Sie wächst auf jedem ausreichend nährstoffreichen Boden, also sowohl auf Acker, Brache und Ödland wie auch im Garten, an Hecke und Weg und an der Dorfstraße.

Größe:
Ihre Größe variiert außerordentlich und reicht von 5 cm kleinen Winzlingen bis zu über 100 cm hohen Riesen. Die Melde wurzelt bis 100 cm tief.

Blätter:
Sie besitzt gestielte, sehr vielgestaltige und farblich nuancierte Blätter: von hell- bis blaugrün oder auch graugrün mit breitem Grund und unregelmäßig gesägtem Rand. Die Blätter sind oft an der Unterseite durch leicht abbrechende Härchen wie mit Mehl bestäubt. Sie erinnern in ihrem Wuchs, von oben gesehen, an Kohlpflanzen. Die Blätter können bis zu 10 cm lang werden.

Blüten:
Von Juni bis September/Oktober produziert die Melde unscheinbare Blüten, die in »Knäueln« in Scheinähren wachsen. Sie sind unscheinbar weißlich-grün und stehen in den Blattachseln und am Ende des Stängels.

Stängel:
Meist aufrecht und stark verästelt, trägt er die wechselständigen Blätter. Er ist grün gestreift, oft stark oder leicht rot überlaufen. Manchmal wirkt er wie ein sehr dünner Rhabarberstängel.

Sammelgut:
Vom Frühjahr bis in den Herbst sammelt man die jungen Blätter und Zweigspitzen von mittelgroßen Pflanzen, die unermüdlich nachwachsen. Für die Ernte der Samen streift man einfach die trockenen Knäuel aus, am besten auf ein ausgebreitetes Tuch oder in einen Korb.

Verwechslung:
Diese ist möglich mit den anderen – ebenfalls essbaren – Pflanzen aus der großen Gänsefuß-Familie, etwa dem Guten Heinrich. Einige Gänsefuß-Arten wie der Stinkende Gänsefuß sind nicht schmackhaft, kündigen dies jedoch an, indem sie bereits beim Zerreiben eines Blattes unangenehm riechen.

Gesundheitlicher Wert:
Viel Vitamin A und C sowie Mineralstoffe machen die Melde zum gesunden Wildkraut. Außerdem ist sie vielseitig einsetzbar und entzündungshemmend – ob bei Insektenstichen, Entzündungen, Zahnschmerzen oder Sonnenbrand. Sie wirkt, wie Kümmel, auch gegen Blähungen.

Melde

Einfach und gut: der Melde-Bratling

Melde ist seit jeher eine alte Freundin der Menschen. In vergangenen Jahrhunderten wurde sie gezielt angebaut, wie auch heute noch im Himalaja und in Indien. Besonders in Notzeiten half sie oft aus, wenn es an frischem Gemüse oder Mehl zum Brotbacken mangelte.

Blätter und junge Sprosse lassen sich wie Spinat verarbeiten. Das Melde-Gemüse schmeckt allerdings milder.

In Pfannkuchen oder als »Melde-Flädle« als Bouilloneinlage macht sie sich prächtig, in Gemüsesuppen trägt ihr mildes Aroma zum Wohlgeschmack bei. Die glänzend schwarzen Samen, die kleinen Ufos ähneln, lassen sich mahlen und zu Grütze verarbeiten.

Hier nun ein ganz einfaches, schnelles und köstliches Gericht aus der Küche meiner Großmutter, die immer sparsam wirtschaftete:

Melde-Bratling

Zutaten:

- 500 g Pellkartoffeln
- 2 Zwiebeln
- 1 Ei
- 2 EL Stärkemehl
- 2 EL gekörnte Gemüsebrühe
- ein wenig gehackte Petersilie
- geriebener, würziger Käse (Emmentaler)
- ein wenig Paniermehl
- Pfeffer, Meersalz
- Muskat
- eine Handvoll Meldeblätter
- Olivenöl zum Braten

❶ Am Vortag gekochte Pellkartoffeln und die Zwiebeln pellen und reiben.

❷ Mit Ei, Stärkemehl, evtl. Paniermehl, Brühe, Petersilie und geriebenem Käse vermischen, mit Pfeffer, Salz und 1 Prise Muskat würzen.

❸ Meldeblätter in feine Streifen schneiden, ebenfalls untermischen.

❹ Einen geschmeidigen Teig kneten und Bratlinge formen – so groß wie Frikadellen, aber etwas flacher. In Paniermehl wenden und in Olivenöl langsam braun braten.

❺ Die Bratlinge mit Paprikastreifen und Zwiebelringen dekorieren. *– Mmm ... lecker!*

Tipp: Ein selbstgemachtes Apfelkompott schmeckt auch gut als Beigabe – eine typisch norddeutsche Kreation.

▸ **Dazu passt:** eine Bananenmilch

Melde

M

Queller

Queller

(SALICORNIA EUROPAEA)

Jan.

Feb.

März

Apr.

Mai

● Juni

● Juli

● Aug.

● Sept.

● Okt.

Nov.

Dez.

Name im Volksmund:
Friesenkraut, Friesenspargel, Glasschmelz, Meeresbohne, Meerfenchel.

Familie:
Fuchsschwanzgewächse.

Standort:
Dieses robuste Kraut, das Schlick oder Sand als Untergrund bevorzugt, ist entlang der Meeresküsten und gelegentlich auch an salzigen Stellen im Binnenland zu finden. Der Queller besiedelt die Pionierzone der Salzwiesen und wird dort zweimal täglich von der Nordsee überflutet. Er liebt Sonne – am besten den ganzen Tag lang.

Größe:
Der »Kaktus des Nordens« wächst relativ schnell und erreicht eine Höhe von 5–30 cm. Seine Wurzeln reichen nicht sehr tief in den Schlick hinein.

Blätter:
Dickfleischig, unbehaart und knotig gegliedert, ist dieses Kraut sehr leicht an seiner Gestalt zu identifizieren. Der Queller wirkt somit ganz anders als die üblichen Wildkräuter mit ihren meist leuchtenden Blüten, die die Aufmerksamkeit auf sich lenken.

Blüte:
Diese ist beim Queller sehr unscheinbar und sitzt zwischen Juli und Oktober am Ende jedes Sprosses. Die hornartig gebogenen Sprossenenden, von denen der Gattungsname wohl abgeleitet ist, kommen im Watt besonders deutlich zur Geltung. Der Queller keimt im April und stirbt im Herbst ab. Zuvor verfärbt er sich rot, da sein Salzgehalt bis zu dieser Jahreszeit ansteigt.

Stängel:
Niederliegend oder auch aufsteigend behauptet sich der Stängel des Quellers gegen den Druck des Meeres bei Ebbe und Flut. Da er meist stark verzweigt und gegliedert ist, fängt er die Schwebstoffe, die das Meer bewegt, vom Grund auf.

Besonderheit:
Queller ist eine ungewöhnliche, ans Salzwasser angepasste Pflanze. Als Erstbesiedler des Watts, der Zone zwischen Meer und Land, besitzt er Pionierfunktion. Nicht nur auf diese Weise hilft er den Küstenbewohnern. Darüber hinaus wurde die Pflanzenasche früher auch zur Bereitung von Soda als Vorstufe bei der Glasherstellung genutzt. So ist sein Volksname auch »Glasschmelz«.

Sammelgut:
Von Juni bis Oktober sammelt man das ganze Kraut. Im Herbst erntet man am besten nur noch die grünen Spitzen, da die Pflanze nach und nach von unten her verholzt. Der Queller ist robust und hält sich recht lange frisch. Günstig ist es, ihn mitsamt seiner Wurzel aus dem Schlick zu ziehen, was sehr leicht gelingt. Dies verlängert sein »Haltbarkeitsdatum« um einige weitere Tage.

Gesundheitlicher Wert:
Queller ist reich an Jod, wertvollen Mineralien und Spurenelementen des Meeres und bietet so eine natürliche Quelle für die Schilddrüse.

SAMMELZEIT

Q Queller

Sehnsucht nach Meer? – Die Queller-Rotbarben-Kombination ist ein kulinarischer Meerestraum!

s. S. 149

Queller – ein »Kraut« mit fleischigen, in einer Art Kette aneinandergereihten, aufstrebenden »Würsteln« als Stängel, das aus den Grüppen und Prielen zwischen den Salzwiesen grün und saftig auftaucht. Er ist eine außergewöhnliche und charaktervolle Erscheinung, die ins Auge fällt, wenn man durchs Watt stapft, doch er wird eher selten mit einer Mahlzeit in Verbindung gebracht. Dabei bereichert diese Pflanze durch ihren salzigen Geschmack und

Biss Nudeln, Fisch in jeglicher Form und Reisgerichte mit Gemüse, ist also recht vielseitig zu verwenden und sieht dekorativ aus.

Am besten pflückt man bei Ebbe das ganze Krautbüschel aus den Grüppen. Wenn man die Tide simuliert, indem man es jeden Tag für ein paar Stunden in kaltem Salzwasser auffrischt, hält es sich gut zwei bis drei Tage, bevor es zubereitet wird.

Queller und Rotbarbe

Zutaten:

- 2 mittelgroße Seebarben, rot
- Meersalz, Pfeffer
- 200 g Queller
- 6–8 kleine Kartoffeln
- Olivenöl
- Zwiebel, Zitronenscheibe

Marinade:
- 2 Zwiebeln, Knoblauch
- 2 EL Olivenöl
- 2 EL Zitronensaft
- frisch gemahlener schwarzer Pfeffer
- 1 TL Meersalz
- gehackte Petersilie
- 5 Lorbeerblätter

❶ Zwiebeln in feine Ringe schneiden und mit den übrigen Zutaten zu einer würzigen Marinade vermischen.

❷ Die gesäuberten Fische innen und außen damit bestreichen und für 60 Min. im Kühlschrank stehen lassen.

❸ Die Rotbarben in einer mit Öl ausgestrichenen Auflaufform im Backofen bei 200° ca. 20 Min. garen oder grillen. Dabei immer wieder mit der Marinade bestreichen.

❹ Queller waschen, in ein wenig Wasser 5 Min. garen – dabei nicht würzen, denn er ist von Natur aus aromatisch genug!

❺ Die Kartoffeln kochen, pellen und mit etwas Olivenöl beträufeln. Mit Zitronenscheibe und Zwiebelringen garnieren.
– Dat is bannig god!

▸ **Dazu passt:** ein kühles Flensburger

Ringelblume

Ringelblume

(Calendula officinalis)

Jan.

Feb.

März

Apr.

Mai

● Juni

● Juli

● Aug.

● Sept.

● Okt.

Nov.

Dez.

Name im Volksmund:
Dotterblume, Goldblume, Ringelrose, Sonnen-braut, Sonnenwende, Studentenblume.

Familie:
Korbblütler.

Standort:
An Wegrändern leuchtet ihr orangefarbenes Ge-sicht der Sonne entgegen – die Ringelblume ist auch ausgewildert aus Gärten in der Nähe von bewohnten Gebieten, aber auch in höheren Lagen im Hügelland und bis in die Wiesenlandschaften der alpinen Zone zu finden. Sie bevorzugt durch-lässige, warme und sandige Böden, ist insgesamt aber anspruchslos.

Größe:
Ringelblumen erreichen Höhen von 30–50 cm, größer werden sie eher selten. Trotzdem machen sie sich mit ihren leuchtenden Blüten recht deut-lich bemerkbar.

Blätter:
Die hell- bis mittelgrünen kräftigen, flauschigen Blätter sind länglich-oval mit glattem Rand und sitzen ohne Stiel im Wechsel am Stängel.

Blüten:
Die relativ großen Blütenkörbchen (3–6 cm im Durchmesser) stehen einzeln an den langen Stängeln und bestehen aus gelb- bis orangefar-benen Röhrenblüten, die von vielen, meist gleich gefärbten Zungenblüten eingerahmt werden. In der Zeit zwischen Juni und Oktober wachsen immer wieder neue Blüten nach, die sich etwa vier bis fünf Tage halten und dann aus den Zungenblüten sichelförmige, gekrümmte oder geringelte Samen bilden, die der Ringelblume ihren Namen geben.

Stängel:
Er ist kräftig, kantig und in einen kurzen Flaum gehüllt, wächst aufrecht und ist wenig oder nur im oberen Bereich verzweigt.

Sammelgut:
Die Blüten und Blätter sammelt man von Juni bis Oktober und zwar die frischen, ganz jungen Blüten in der Mittagssonne, wenn die Konzentra-tion der Wirk- und Geschmacksstoffe am höch-sten ist. Die Laubblätter pflückt man dagegen besser morgens, nachdem der Tau getrocknet ist.

Besonderheit:
Die Bauern schätzen die Ringelblume sehr, denn sie dient ihnen als zuverlässiges Barometer bzw. sagt Regen voraus: Geöffnete Blüten am Morgen zwischen 6 und 7 Uhr prophezeien einen schö-nen, sonnigen Tag. Sind die Blüten dagegen nach 7 Uhr noch geschlossen, wird es Regen geben.

Gesundheitlicher Wert:
Mit wertvollen Inhaltsstoffen ist die Ringelblu-me reichlich versehen. Bei äußerlicher Anwen-dung ist sie ein Wundheilmittel, innerlich wirkt sie gegen Verdauungsprobleme und Frauen-beschwerden. Reizungen bzw. allergische Reak-tionen der Haut löst sie, im Gegensatz zu an-deren Korbblütlern, selten aus.

SAMMELZEIT

Ringelblume

R
CB

Ein buntes, gehaltvolles Fischsüppchen mit Ringelblume, das Laune macht!

Ringelblumen, markante Persönlichkeiten unter den Kräutern, haben außer einem kurzen Auftritt in Shakespeares »Wintermärchen« und ihrer bekannten Wirkung als Heilerin und Liebesorakel noch wesentlich mehr zu bieten.

In Speisen bringen sie Abwechslung und Farbe. Früher färbte man Butter und Käse mit ihnen – oder verfälschte mit ihren Blütenblättern den kostbaren Safran. Ihre Laubblätter geben Salat-

kompositionen und herzhaften Brotaufstrichen eine aromatisch-herbe Note.

Suppen, Blütenbutter und Kuchen gewinnen durch ihre Blütenblätter an Geschmack und Farbe. Nicht nur der Safran, auch die Ringelblume »macht den Kuchen gel«.

Ringelblumen in der Fischsuppe verbinden sich hier harmonisch zu einem köstlichen Ganzen.

Fischsuppe mit Ringelblumen

Zutaten:

- 2–3 festfleischige Fische (z. B. Knurrhahn, Makrele, Seeteufel, Steinbeißer, Rotbarsch, Seelachs zur Auswahl, mindestens 2 Sorten)
- Fischfond, selbst angesetzt oder gekauft
- 1 dünne Stange Porree
- 1 Stängel Sellerie mit Blättern
- 1 kleineres Stück Sellerieknolle
- 2–3 Mohrrüben
- 2–3 Kartoffeln, mittelgroß
- 2 Zwiebeln, 1 Knoblauchzehe
- Lorbeerblatt
- 1 Stängel Liebstöckel oder Petersilie
- Meersalz, Pfeffer
- 1/4 l trockener Weißwein
- 1/2 l Gemüsebrühe
- einige Ringelblumenblüten und -blätter

▸ **Dazu passt:** ein Sauvignon blanc

❶ Fische gründlich kalt abbrausen, putzen und filetieren. Fischkiemen entfernen (der Fond wird sonst bitter), Köpfe und Gräten der Fische 30 Min. in kaltem Wasser wässern.

❷ Porree, 1 Möhre, Selleriestängel mit Blättern, 1 Zwiebel und Knoblauchzehe zerkleinern. Mit Köpfen und Gräten, 1 Lorbeerblatt, Kräuterstängeln und Pfeffer in 2 Teilen Wasser und 1 Teil Weißwein aufsetzen, damit einen Fond kochen. 20 Min. simmern lassen, abschäumen. Durch ein Haarsieb passieren.

❸ Übriges Gemüse (Möhren, Sellerie, Kartoffeln) putzen, in Stücke zerkleinern, mit Fischfond und Brühe, Petersilienblättchen, Salz, Pfeffer und den Knospen und Blättern der Ringelblumen zusammen erhitzen.

❹ Die Fischstücke dazugeben und die Suppe 30 Min. köcheln lassen. Blütenblätter einlegen, noch einmal kräftig abschmecken.
– *C'est bon!*

Rüben-Kohl

Rüben-Kohl

(BRASSICA RAPA L.)

Jan.

Feb.

März

Apr.

Mai

Juni

Juli

Aug.

Sept.

Okt.

Nov.

Dez.

SAMMELZEIT

Name im Volksmund:
Rapsspitzen, Stängelkohl.

Familie:
Kreuzblütengewächse.

Standort:
Den Rüben-Kohl trifft man überall dort an, wo Boden bewegt wird oder wurde: am Rand von Feldern, in Gärten, auf Brachland. Er liebt ein sonniges Plätzchen.

Größe:
Rüben-Kohl ist eine kräftige Pflanze. Sie kann, je nach den Bedingungen ihres Standorts, 40–80 cm hoch wachsen.

Blätter:
Gestielte, eiförmige, gras- bis blaugrüne Blätter mit spärlicher Behaarung und unregelmäßigen Zähnen am Rand erinnern an Kohl- bzw. Rapspflanzen. Sie umfassen den Stängel ganz und können recht lang werden, etwa 20–25 cm.

Blüten:
Sattgelbe, hübsche Blütenkronen ziehen von Mai bis Juli viele Bienen an. Ihre Blütenknospen werden von den geöffneten Blüten überragt, deren Stiele immer länger als die Blüte selbst sind.

Stängel:
Die Stängel wachsen aufrecht und sind meist weit verzweigt.

Sammelgut:
Von April bis September pflückt man zunächst die knospigen Blütenstände sowie die zarten Blätter, Triebe und würzigen Blüten. Die ebenfalls aromatischen Samen werden von August bis in den September hinein gesammelt. Während eines Spaziergangs lässt sich der Rüben-Kohl mit Leichtigkeit ernten. Er sollte dann aber nicht lange im Korb liegen, denn seine Blätter werden leicht schlapp.

Besonderheit:
Der Rüben-Kohl ähnelt dem Raps sehr – er ist quasi sein Urtyp, allerdings von seiner kultivierten Variante kaum zu unterscheiden. Er enthält sehr viele geschmacklich interessante Inhaltsstoffe. Ihn als »Unkraut« zu bezeichnen und seine Bereicherung für unsere Küche zu ignorieren, wird ihm nicht gerecht.

Verwechslung:
Eine Verwechslung ist möglich mit Ackersenf, Hederich und Raps. Alle drei Pflanzen entwickeln gelbe Blüten, unterscheiden sich aber in Farbe und Beschaffenheit der Laubblätter: Der Ackersenf ist auf den Seiten 20/21 abgebildet und beschrieben. Der wilde Hederich hat ebenfalls grasgrüne Blätter mit vielen tiefen Einschnitten und einer dicht behaarten Oberfläche. Der kultivierte Raps besitzt eher graugrüne Blätter. Alle drei sind essbar und sehr schmackhaft.

Gesundheitlicher Wert:
Vitamine B6 und C, Kalium, Calcium, Magnesium, Eisen und Mineralstoffe machen den Rüben-Kohl zum gesunden Kraut – er wirkt blutreinigend und regt den Stoffwechsel an.

Rüben-Kohl-Gulasch: Wird es Ihnen bei diesem Anblick nicht »warm ums Herz«?

s. S. 151

Rüben-Kohl – essbar? Jeder Gärtner oder Bauer hat ihn bestimmt schon mindestens einmal untergeharkt, nur um festzustellen, dass er am nächsten Tag wieder präsent ist. Italienische Feinschmecker schätzen ihn schon seit langem: in Kampanien und Apulien wird er speziell für sie angebaut.

Probieren Sie einmal eine Tarte mit diesem Kraut oder einen grünen Pfannkuchen. Aus seinen

Samen gewinnt man wie beim Raps ein Speiseöl und die geschälten Wurzeln von Pflanzen, die noch nicht blühen, können als Gemüse zubereitet werden.

Rüben-Kohl schmeckt gut als Alternative zum Spinatgemüse, aber auch roh als Salat oder wie Kohlrabi in einem Gulasch-Topf, den wir Ihnen hier präsentieren – wohlige Wärme im Magen an einem trüben und nasskalten Regentag.

Rüben-Kohl-Gulasch

Zutaten:

- 500 g Rindfleisch gewürfelt
- Pfeffer, süßes Paprikapulver
- Olivenöl zum Anbraten
- 2 Zwiebeln
- 2 Knoblauchzehen
- 1 EL Mehl
- Meersalz, Kreuzkümmel
- Sojasauce
- 2 Tassen Fleischbrühe
- etwas Tomatenmark
- 2 kleine Möhren
- 100 g Champignons
- je 1/2 rote und gelbe Paprikaschote
- 4 mittelgroße Kartoffeln, gewürfelt
- 20–30 mittelgroße Blätter des Rüben-Kohls

❶ Die Fleischwürfel nach Belieben mit Pfeffer und Paprikapulver würzen, in Olivenöl in mehreren kleinen Portionen nacheinander gut anbraten.

❷ Zwiebeln und Knoblauch grob zerteilen, zum Gulasch geben und weitergaren. Danach mit etwas Mehl bestäuben und salzen.

❸ Heiße Fleischbrühe, Kreuzkümmel, einen guten Schuss Sojasauce und etwas Tomatenmark miteinander verquirlen, dazugeben.

❹ Nach 20 Min. Kartoffelwürfel, Möhrenscheiben, Paprikastücke und Champignons hinzufügen, weitere 20 Min. köcheln lassen.

❺ Die Rüben-Kohl-Blätter unterheben und noch 10 Min. garen lassen. Dazu ein Brötchen oder auch Bandnudeln. – *Bom apetite!*

▸ **Dazu passt:** ein Douro

kohlartig & deftig

GESCHMACKSPROFIL

Rüben-Kohl

R

Sand-Thymian

Sand-Thymian

(Thymus serpyllum)

Jan.

Feb.

● März

● Apr.

● Mai

● Juni

● Juli

● Aug.

● Sept.

Okt.

Nov.

Dez.

SAMMELZEIT

Name im Volksmund:
Feldkümmel, Grundling, Immenkraut,
Kandelkraut, Liebfrauenbettstroh, Quendel.

Familie:
Lippenblütler.

Standort:
Der Sand-Thymian wächst an Wegrändern,
Rainen und Böschungen, auf Trockenrasen und
am Boden von Kiefernwäldern. Lockere, oft sandige und steinige Böden favorisiert er, meidet
dagegen Kalkböden.

Größe:
Mit seinem buschigen Wuchs und einer Höhe
von 5–30 cm verdient er die Bezeichnung »Zwerg-
strauch« zu Recht. Bei günstigem Standort kann
er noch etwas höher wachsen.

Blätter:
Seine kleinen Blätter (ca. 2–3 cm lang) wirken
eiförmig-länglich. Sie sind etwas länger als breit,
fein behaart und wachsen kreuzgegenständig
und fast am Stängel sitzend. Wenn man sie zerreibt, duften sie intensiv-aromatisch.

Blüte:
Zwischen Juni und September erscheint eine
große Anzahl von Blütentrieben mit winzigen,
schmalen, glockenartigen Blüten. Diese sammeln sich in rosaroten, dichten »Köpfen« an den
Stängelenden in Scheinähren.

Stängel:
Das mehrjährige Kraut entwickelt runde, etwas
kantige und ringsum behaarte Stängel, die
niederliegend oder auch aufsteigend dicht
beieinander stehen, einen Halbstrauch bilden
und mit der Zeit vom Grunde her verholzen.

Sammelgut:
Man sammelt die frischen jungen Triebe, Triebspitzen oder auch nur die Blätter von März bis
September, die Blüten von Juni bis August. Am
besten erntet man das Kraut um die Mittagszeit,
dann ist die Konzentration der Wirkstoffe am
höchsten. Bienen und andere Insekten weisen
den Weg, denn der Sand-Thymian stellt für sie
eine beliebte »Weide« dar.

Besonderheit:
Die Thymian-Familie ist mit ihren 214 Arten
außerordentlich vielgestaltig. Am bekanntesten
ist der Echte Thymian, der aus dem Mittelmeerraum stammt und bei uns eingewandert ist. Es
gibt inzwischen auch diverse kultivierte Sorten
für den Garten. Der wilde Sand-Thymian hat
zwei Unterarten, von denen die eine nur weiter
nördlich in Skandinavien wächst. Der Breitblätt-
rige Thymian unterscheidet sich von seinem
wilden Verwandten lediglich in der Behaarung
des Stängels. Alle Thymianarten sind essbar und
bieten eine schmackhafte Würze.

Gesundheitlicher Wert:
Traditionell wirkt das Kraut antiseptisch und
antibakteriell bei Erkältungen, Husten und Halsschmerzen. Als Mittel zum Gurgeln, Badezusatz,
Gesichtsdampfbad oder auch als Spülung nach
der Haarwäsche ist es ebenfalls beliebt.

Zu einem besonderen Anlass genau das Richtige: ein feines Sand-Thymian-Rehragout

s. S. 152

Sand-Thymian ist uns als einheimischer Verwandter der inzwischen allgemein bekannten Variante aus dem Mittelmeerraum nicht sehr vertraut. Er kann unsere Küche aber ebenso erfolgreich als »Alleskönner« mit seiner etwas sanfteren Würze verfeinern.

Ob Fleisch, Wurst, Gemüse, Kartoffeln, Saucen oder Pasteten und Pizza – jedes Gericht gewinnt, wenn dieses Kraut frisch oder getrocknet mit-gekocht wird. Auch seine Blüten schmücken als essbare Dekoration unsere Speisen oder aromatisieren Speiseöl oder Essig. Die getrockneten Blätter ergeben einen würzigen Tee.

Wir haben in unserem Rezeptvorschlag das wilde Kraut einem ebenfalls wilden Partner als passende Begleitung und Ergänzung beigegeben, »umzäunt« von einem schmackhaften Rahmen aus feinem Mürbeteig.

Sand-Thymian-Rehragout

Zutaten:

Mürbeteig:
- 220 g Mehl
- 2 Prisen Meersalz
- 100 g Butter
- 1 Ei
- 2–3 EL kaltes Wasser

Ragout:
- 500 g Reh- oder Lammfilet
- 2 Zwiebeln, Pfeffer, Meersalz
- Olivenöl zum Braten
- 1 Schuss Rotwein, Sojasauce
- 100 ml Wildfond oder Fleischbrühe
- 100 ml Sahne
- 10–12 Blätter vom Sand-Thymian
- 100 g Pfifferlinge oder Steinpilze

▸ **Dazu passt:** ein roter Spätburgunder

❶ Ei und Wasser miteinander verrühren. Mit den übrigen Zutaten möglichst schnell zu einem Mürbeteig verkneten.

❷ Eine Kugel formen und mit Frischhaltefolie umwickeln, für 30 Min. kühl stellen.

❸ Danach dünn ausrollen. Förmchen oder kleine Springform einfetten und mit Teig auskleiden. Bei 200° 20–30 Min. backen. Nach dem Auskühlen aus dem Backförmchen lösen.

❹ Das Reh- oder Lammfilet in nicht zu große Würfel oder Streifen schneiden. Zwiebeln fein würfeln, beides miteinander mischen, würzen und in Olivenöl anbraten.

❺ Mit Rotwein ablöschen, Fond, Sojasauce und die Thymianblättchen zugeben. Ca. 45 Min. garen lassen, bis das Fleisch weich ist.

❻ In den letzten 15 Min. Pfifferlinge und Sahne zugeben. Ragout in Teigförmchen füllen, dekorieren. – *Lassen Sie es sich schmecken!*

Sauerampfer

Sauerampfer

(Rumex acetosa)

Jan.

Feb.

März

Apr.

Mai

Juni

Juli

Aug.

Sept.

Okt.

Nov.

Dez.

SAMMELZEIT

Name im Volksmund:

Gugezer, Ochsenzunge, Roter Ritter, Sauerampel, Sauergras, Schneiderkas, Süri, Surele.

Familie:

Knöterichgewächse.

Standort:

Sauerampfer wächst wild und meist in üppiger Fülle auf nährstoffreichen, feuchten Wiesen und auf Weiden. Ebenso häufig findet man ihn in Wäldern, an Wegrändern, Böschungen und Grasplätzen. Man kann ihn aber auch gut im Garten kultivieren.

Größe:

Er erreicht eine Höhe zwischen 30 und 100 cm, sodass er leicht zu entdecken ist. Seine Speicherwurzeln sind bis zu 150 cm tief im Boden verankert. Der Sauerampfer wächst deutlich kleiner an ungünstigen Standorten.

Blätter:

Die hell- bis dunkelgrünen, sitzenden und den Stängel umfassenden, wechselständigen Blätter des Sauerampfers fallen unterschiedlich groß aus, je nach Art und Standort. Sie gleichen derben, länglichen Schilden mit dicker Mittelrippe, die in einer Staude aus der Erde streben.

Blüten:

Von Mai bis August entwickelt er kleine, sehr unscheinbare Blüten. Diese sitzen gestielt und verzweigt als längliche, lockere Knäuel an blattlosen Stängeln und bestimmen während ihrer Blütezeit auffallend das Erscheinungsbild von Wiesen und Weiden.

Stängel:

Am Ende des gefurchten, knotig gegliederten und blattlosen Stängels, der aufrecht wächst und im unteren Teil oft rötlich überlaufen ist, wachsen die kleinen, roten Blüten in Rispen.

Sammelgut:

Die Blätter werden am besten im Frühjahr im April/Mai vor der Blüte geerntet, dann sind sie jung und zart und noch ohne Löcher oder Verfärbungen, durch die sie unansehnlich und unbekömmlich werden. An kühleren, regnerischen Tagen gesammelte Blättchen schmecken deutlich milder als die während einer Trockenzeit geernteten. Die Herzblättchen lässt man für reichliches Wachstum und die Ernte im kommenden Jahr immer stehen.

Verwechslung:

Auch die Verwandten des Sauerampfers sind essbar und schmackhaft, etwa der Kleine Sauerampfer, der in Sand und auf trockenem Boden wächst und dessen Blätter umgeschlagen sind.

Gesundheitlicher Wert:

Appetitanregend, blutreinigend, ein Lieferant von Vitamin C und Eisen, insgesamt also ein hervorragender Beitrag zur Frühjahrskur. Von übermäßigem Verzehr in rohem Zustand ist wegen des Gehalts an Oxalsäure allerdings abzuraten. Doch kann man diese durch Abgießen des Kochwassers entfernen.

Sauerampfer

S

Mit diesem Sauerampfer-Lachs in Kombination mit einem Curry-Dip landen Sie einen kulinarischen Volltreffer!

s. S. 153

Sauerampfer – sein Name bedeutet »doppelt sauer«, sodass er überall in Speisen verwendet werden kann, die ein bisschen säuerlichen Pep und Würze vertragen: als Gemüse, oft mit Spinat gemischt, im Quark als Brotaufstrich, in den unterschiedlichen Zubereitungen von Kartoffeln, Linsen, Tomaten und Gurken oder in grüner Salatsauce. Eine cremige Sauerampfersuppe wird heiß oder gerne auch eisgekühlt à la spanischem gazpacho serviert. Auch Hühner-

bouillon, Fisch- und Milchgerichte freuen sich über seine Mitwirkung. Wer kennt nicht die berühmte Frankfurter Grüne Sauce, die bereits Frau Geheimrat Goethe zubereitete, in der der Sauerampfer nicht fehlen darf.

Wir präsentieren Ihnen in diesem Rezeptvorschlag den Sauerampfer einmal in einer sehr schmackhaften, intensiven Grün-Rot-Kombination mit einem exotisch-gelben Dip-Tupfen.

dezent-säuerlich & erfrischend

GESCHMACKSPROFIL

Sauerampfer

Sauerampfer-Lachs mit Curry-Dip

Zutaten:

- Oliven- oder Rapsöl
- 2 Lachsfilets
- Pfeffer, Meersalz
- 3 Schalotten
- 1–2 Zehen Knoblauch
- Curry, Pfeffer, Meersalz
- 200 g Frischkäse
- 1 Tasse Gemüsebrühe
- ca. 10 Blätter Sauerampfer
- 1 besonders grünes und dekoratives Blatt
- 100 g Naturreis
- Meersalz, Pfeffer
- Korinthen

❶ Den Lachs pfeffern, knusprig braten, salzen, herausnehmen und warmstellen.

❷ Fein zerkleinerte Schalotten und Knoblauch mit Currypulver in Öl andünsten. Frischkäse hinzufügen und unter Rühren erhitzen.

❸ Mit Gemüsebrühe ablöschen, weiterhin rühren, sodass das Ganze eine cremige Konsistenz erhält. Nach Belieben würzen.

❹ Sauerampfer blanchiert und in Streifen geschnitten hinzufügen und weitere 5 Min. ziehen lassen.

❺ Währenddessen den Reis wie gewohnt zubereiten, diesem in den letzten 5 Min. die Korinthen hinzufügen.

❻ Ein schönes, frisch-grünes Sauerampferblatt kurz blanchieren, den Lachs darin einhüllen und dekorativ mit dem Dip und Korinthenreis anrichten. – *Vel bekomme!*

▸ **Dazu passt:** ein Tuborg Bier

Schafgarbe

Schafgarbe

(Achillea millefolium)

Jan.

Feb.

März

Apr.

Mai

Juni

Juli

Aug.

Sept.

Okt.

Nov.

Dez.

Name im Volksmund:
Allheil, Augenbraue der Venus, Blutstillkraut, Frauendank, Gotteshand, Grillengras, Lämmerzunge, Margaretenkraut, Neunkraft, Schafrippen, Soldatenkraut, Tausendblatt.

Familie:
Korbblütler.

Standort:
Die Schafgarbe ist ein Kosmopolit, sehr häufig und überall zu finden – an Feld- und Waldrändern, auf Wiesen und Weiden bis hoch ins Gebirge, bevorzugt an sonnigen Plätzen.

Größe:
Je nach Standort wächst der harte, kantige Stängel meist unverzweigt bis zu 60 cm hoch.

Blätter:
Fiedrig-zarte, in ihrer Gesamtheit längliche Blättchen, die an Vogelfedern oder an eine Augenbraue erinnern, entspringen im März/April in einer Rosette dem unterirdischen Ausläufer, der auch ständig neue Pflänzchen treibt. Später sitzen sie stufig versetzt am Stängel, der aus dem Wurzelstock emporwächst und die Blüte trägt. Als junge Pflanzen zeigen sie sich zartgrün, wandeln sich aber später zu dunklem Grün.

Blüten:
Zahlreiche weiß bis schwachrosa gefärbte kleine Korbblüten fügen sich am Ende des Stängels zu einer flachen oder etwas nach oben gewölbten Schirmrispe. Sie blühen von Mai/Juni an bis in den Oktober hinein.

Stängel:
Der aufrechte Blütenstängel ist kräftig-kantig. In Bodennähe kahl, ist er im oberen Bereich dicht behaart und innen mit Mark gefüllt. Er lässt sich nur schwer brechen.

Sammelgut:
Die frischen Grundblättchen sammelt man von März bis April, die weichen Blätter unterhalb des Blütenstandes bis in den September und die Blütenknospen von Mai bis Juni. Die Blüten (Juni bis Oktober) lassen sich in der Küche verwenden.

Verwechslung:
Die jungen Blätter der Schafgarbe vor der Blüte können mit denen anderer Doldenblütler verwechselt werden, beispielsweise mit denen des (giftigen) Gefleckten Schierlings oder des Rainfarns. Doch duften Blätter und Blüten der Schafgarbe angenehm würzig, die beiden anderen Doldenblütler dagegen riechen unangenehm. Auch hat der Rainfarn gelbe Blüten, der Schierling bildet zusammengesetzte Dolden, wobei jeder Seitenstrahl eine kleinere Dolde trägt.

Gesundheitlicher Wert:
Schafgarbe – eine seit der Antike geschätzte, wertvolle Heilpflanze – wirkt lindernd bei Magenbeschwerden und Appetitlosigkeit, anregend und stärkend für Kreislauf und Immunsystem sowie heilend bei Wunden. Nicht zuletzt steht sie besonders Frauen bei, da sie entkrampft und Blutungen stillt.

Schafgarbe

S

SAMMELZEIT

Wildes und Zahmes würzig-fruchtig kombiniert: Schafgarben-Ente à l'orange mit Waldpilzen, eine Versuchung!

s. S. 154

Schafgarbe ist eines der Wildkräuter, die auf allen Hochzeiten tanzen können – ihre würzigen, aromatisch duftenden Blätter wie auch ihre zarten »mille fleurs« bereichern auf vielfältige Weise unseren Speisezettel.

Gemüsegerichte profitieren von ihrer Mitwirkung, Salate werden schmackhafter, Nudelteige und Kräuterbrot bekommen das gewisse Etwas. Auch als einfacher kleiner Imbiss, klein gehackt auf ein Butterbrot gestreut, erfreut die Schafgarbe den Gaumen. Die Blüten geben verschiedenen Getränken Geschmack, würzen Eingelegtes und schmücken charmant-stilvoll einen hübsch gedeckten Tisch.

In unserem Vorschlag begegnet dieses wilde Kraut dem ebenso wilden Waldpilz und der häuslichen Flugente – kontrastreich begleitet von südlichem Flair in Gestalt von Orangen.

Schafgarben-Ente à l'orange

Zutaten:

- 2 Brustfilets oder Schenkel der Flugente
- Olivenöl zum Braten
- 3 Zwiebeln
- 1 Knoblauchzehe
- 1 Handvoll Schafgarbenblättchen
- 2 Orangen
- 200 ml Orangensaft
- 250 ml Hühner- oder Gemüsebrühe
- 1 Lorbeerblatt
- Meersalz, Pfeffer, frisch gemahlen
- 50 ml Schlagsahne
- 200 g Waldpilze, möglichst Maronen, Steinpilze oder Pfifferlinge
- grüne Tagliatelle (Bandnudeln) als Begleitung

▸ **Dazu passt:** ein Schwarzriesling

❶ Zwiebeln und Knoblauch fein hacken. Orangen schälen, bittere weiße Haut komplett entfernen, in Scheiben schneiden.

❷ Blättchen der Schafgarbe waschen, hacken.

❸ Ente mit Salz und Pfeffer einreiben, in Olivenöl knusprig anbraten, herausnehmen.

❹ 2 Zwiebeln und Knoblauch im Bratensatz glasig werden lassen. Bratensatz mit Orangensaft ablöschen, Brühe angießen, Lorbeerblatt hinzufügen, Sauce würzen, aufkochen lassen. Gehackte Schafgarbe hinzufügen.

❺ Ente in Sauce einlegen, bei kleiner Hitze mind. 60 Min. garen, bis das Fleisch zart ist. Sahne hinzufügen und Sauce reduzieren.

❻ Tagliatelle wie üblich zubereiten.

❼ Pilze säubern, in Scheiben schneiden. Separat mit gehackter Zwiebel braten, salzen, pfeffern. Alles zusammen mit den frischen Orangen anrichten. – *Mangez avec appétit!*

Schafgarbe

würzig & herb

GESCHMACKSPROFIL

Spitzwegerich

Spitzwegerich

(Plantago lanceolata)

Jan.

Feb.

März

Apr.

Mai

Juni

Juli

Aug.

Sept.

Okt.

Nov.

Dez.

SAMMELZEIT

Name im Volksmund:
Athelas, Läkeblatt, Lämmerzunge, Lungenblattl, Schlangenzunge, Siebenrippen, Spießkraut, Spitzfederich, Wegetritt.

Familie:
Wegerichgewächse.

Standort:
Spitzwegerich, der »König der Wege«, ist sehr häufig anzutreffen auf Wiesen, Äckern und besagten Wegen – trittresistent und widerstandsfähig. In Amerika, wo er von den Europäern eingeführt wurde, bekam er von den Indianern den Namen »White man's foot«, weil er überall dort wuchs, wo die Weißen sich ansiedelten.

Größe:
Aus einer grundständigen Rosette, die mit einer langen, reich verzweigten Wurzel ca. 60 cm tief in der Erde verankert ist, erheben sich die Blätter bis zu 50 cm in die Höhe.

Blätter:
Zeitig im Frühjahr wachsen schmale Blätter ohne Stiele wie kleine Lanzen aus dem Boden. Ihre Ränder sind glatt oder nur leicht gezähnt, wenig behaart und mit 3–7 parallel verlaufenden Nervenbahnen versehen.

Blüten:
Von Mai bis September strebt ein langer Schaft empor, an dessen Ende sich kleine unscheinbare Blüten entwickeln, die eine dichte Ähre bilden. Diese ist mit 1–4 cm Länge deutlich kürzer als der Stängel. Die Blüten öffnen sich von unten nach oben, sodass am oberen Ende der Ähre stets eine kleine helle Krone sitzt. Aus den Blüten stehen kleine Staubgefäße heraus. Sie sind recht unauffällig, denn sie müssen zur Vermehrung keine Insekten anlocken, da der Wind sie bestäubt.

Stängel:
Der lange, blattlose, fünfkantige Stängel wächst gerade aufrecht und mündet in die walzenartige, bräunliche Blütenähre an seinem Ende.

Sammelgut:
Die Blätter des Spitzwegerichs pflückt man von Mai bis August, am besten nur die jüngeren in der Mitte der Rosette. Die zarten Blütenknospen sammelt man von Mai bis Juli, Wurzeln und Samen von Ende August bis Oktober. Andere Wegericharten wie der Breitwegerich oder auch der Strand- und Bergwegerich können ähnlich verwendet werden.

Gesundheitlicher Wert:
In der freien Natur dienen die Blätter des Wegerichs als natürliches Pflaster: Bei kleineren Verletzungen zerkaut man einige seiner Blätter und legt sie auf die Wunde, das Ganze wird mit einem frischen Blatt verbunden. Außerdem ist er ein natürliches Antibiotikum, wirkt gegen Entzündungen des Mundes und der Haut. Seit dem Mittelalter ist er gegen Husten, Zahn- und Ohrenschmerzen als probates Heilmittel bekannt. Die germanische Bezeichnung »Läkeblatt« (Heilblatt) für dieses wilde Kraut trifft es auch heute noch auf den Punkt.

Cannelloni mal anders!

Spitzwegerich – ein im wahrsten Sinne des Wortes königliches Kraut, dessen Heilwirkung außer den Germanen auch der Grieche Dioskurides und im Mittelalter Hildegard von Bingen schätzten. Man findet ihn überall mit Leichtigkeit und kann ihn auf vielfältigste Art zubereiten: die etwas herben jungen Blätter vor der Blüte, quer zur Faser in schmale Streifen geschnitten, als Rohkost, Salat und Gemüse, die zarten Knospen roh zum Knabbern unterwegs oder eingelegt in Öl, in Kräutersuppen oder auch wie Holunderblüten in Teig ausgebacken. Vor der Zubereitung muss das Wildkraut zunächst von Erde befreit und gründlich gewaschen werden. Der zähe Nerv an der Unterseite der Blätter wird wie bei grünen Bohnen entfädelt.

Italienische Cannelloni treffen hier auf Spitzwegerich und gehen mit zwei Saucen eine glückliche Verbindung ein.

Spitzwegerich-Cannelloni

Zutaten:

- 8–10 Spitzwegerichblätter
- 100 g Puy-Linsen
- 1 Lorbeerblatt, 1 Zwiebel, 1 Knoblauchzehe
- ca. 1/2 l Gemüsebrühe, gut 1/8 l Wasser
- 100 g Bulgur
- 1 kleine Möhre, 1/2 Apfel
- 1 dünne Stange Porree, Petersilie
- Meersalz, Pfeffer, 2 Prisen Kreuzkümmel, 1 Prise Thymian
- 6 Cannelloni-Hülsen
- Olivenöl

Tomatensauce:
- 1 Dose stückige Tomaten
- 1 Zwiebel, 1 Knoblauchzehe
- Olivenöl, Meersalz, Pfeffer

Bechamel-Sauce:
- Bechamel-Sauce, nach Belieben auch fertige

▸ **Dazu passt:** ein roter Traubensaft

❶ Spitzwegerichblätter entfädeln, blanchieren, sehr fein hacken und in 2 Portionen teilen.

❷ Zwiebel und Knoblauch zerkleinern. Linsen, Zwiebel, Knoblauch, Lorbeerblatt 45 Min. in Brühe köcheln lassen.

❸ Bulgur mit kochendem Wasser übergießen, ca. 20–30 Min. quellen lassen.

❹ Möhre und Apfel fein reiben. Porree in feine Ringe schneiden, Petersilie hacken. Alles inklusive einer Portion Spitzwegerichblätter zum Bulgur geben, würzen, gut durchkneten. Cannelloni füllen.

❺ Tomatensauce zubereiten: Zutaten in Olivenöl anschwitzen, würzen, köcheln lassen.

❻ Cannelloni, mit Tomatensauce bestrichen, in Auflaufform bei 200° 20 Min. backen.

❼ Bechamel-Sauce zubereiten, 2. Portion der Spitzwegerichblätter mit gehackter Petersilie hinzufügen. – *Con piacere!*

Taubnessel

Taubnessel

(LAMIUM ALBUM)

Jan.

Feb.

März

Apr.

Mai

Juni

Juli

Aug.

Sept.

Okt.

Nov.

Dez.

SAMMELZEIT

Name im Volksmund:
Bienenhütel, Bienensaug, Blumennessel, Honigblom, Immenkraut, Kuckucksnessel, Saugnessel, Sugerli, Zahme Essle.

Familie:
Lippenblütler.

Standort:
Die Taubnessel liebt den Halbschatten und wächst üppig in Kolonien an Weg- und Wiesenrand sowie in Gräben, unter Hecken und an Zäunen, oft in Gesellschaft von Brennnesseln. Sie verbreitet sich sehr rasch und besonders üppig auf gedüngten Flächen.

Größe:
Sie erreicht eine Höhe von 20–50 cm.

Blätter:
Die Blätter der Taubnessel ähneln denen der Brennnessel, was ihr den Namen »Nessel« eingebracht hat, obwohl sie mit ihr nicht verwandt ist. Sie besitzen kurze Stiele und zeigen sich ebenfalls vorn zugespitzt, am Grund abgerundet bzw. herzförmig und am Rand grob gesägt. Auf ihnen ist ein Netz von Nerven deutlich sichtbar. Die Blätter sind kreuzgegenständig am Stängel angeordnet. Auf beiden Seiten sind sie behaart, doch brennen diese Haare nicht bei Berührung, daher wurden sie »taub« (gleich »dumm«) genannt. Nebenblätter wie die Brennnessel trägt die Taubnessel nicht.

Blüten:
Die Taubnessel blüht von April bis Oktober, allerdings trägt sie erst ab dem zweiten oder dritten Jahr leuchtend weiße Blüten. Diese besitzen zwei Lippen und gruppieren sich, 5–8 an der Zahl, wie Quirle in den Blattachseln. Sie duften schwach nach Honig und locken so Insekten, vorwiegend Hummeln an, die sich gerne auf ihren unteren Lippen niederlassen. Die oberen Lippen der Taubnessel sind behaart. Die Weiße Taubnessel sieht man wohl am häufigsten in der Natur, ihre selteneren Verwandten unterscheidet man am besten an der Farbe ihrer Blüten: Sie sehen rot, gelb oder gefleckt aus.

Stängel:
Ihr vierkantiger Stängel ist hohl und behaart, dies sind aber ebenfalls keine Brennhaare.

Sammelgut:
Von April bis Oktober werden die zarten Blätter und der ganze Spross sowie die Blüten der Taubnessel gesammelt. Im Sommer erntet man von den älteren Blättern nur die obere Spitze, im Herbst die Wurzeln. Milde Winter übersteht sie meist gut in Form von grünen Ausläufern, die im Folgejahr Blütensprosse bilden. Ihre Verwandten Goldnessel (gelbe Blüten), Gefleckte und Rote Taubnessel können ebenfalls in den Sammelkorb wandern. An ihren Blüten kann man sie am besten von der Brennnessel (s. Seite 28) unterscheiden und natürlich an den »tauben« Blättern.

Gesundheitlicher Wert:
Das Kraut wirkt blutreinigend und schleimlösend bei Atemwegserkrankungen. Auch beruhigt und lindert es Entzündungen der Haut.

Taubnessel

Eine sehr stimmige Kombination: Rotbarsch und Taubnessel!

s. S. 155

Taubnesseln machen das Herz fröhlich, erfrischen Gesicht und Lebensgeist – so pries bereits der englische Botaniker John Gerard im 16. Jahrhundert dieses anmutige Wildkraut, an dem uns auch heute alles erfreut: die süß duftenden hübschen Blüten und der fein-würzige Geschmack der Blätter, Triebe und Wurzeln.

Diese bereichern Salate, färben Fingernudeln oder Spätzle grün, werden gekocht als Wild-gemüse oder in Suppen und Eintöpfen serviert. Sie füllen in Begleitung von Käse oder Ricotta Ravioli, Lasagne und Crêpes. Ihr dezenter Geschmack mildert Kombinationen mit bitteren oder scharfen Kräutern. Die cremeweißen Blüten dekorieren und aromatisieren Cremes, süße Saucen und Kuchen.

Diese Alleskönnerin begleitet hier einen Bewohner des nassen Elements.

dezent-würzig & dillartig

GESCHMACKSPROFIL

Taubnessel

Rotbarsch auf Taubnesselgemüse

Zutaten:

- 2 mittelgroße Stücke Rotbarsch
- Zitrone zum Säuern
- Meersalz, Pfeffer
- ca. 10 Taubnesselsprossen oder doppelt so viele Blätter
- 100 g Spinat
- Olivenöl
- 1 Frühlingszwiebel oder Schalotte
- 100 ml Gemüsebrühe
- 1/2 Becher Schlagsahne
- 1 Eigelb
- Butterflöckchen
- 1 mittelgroße Tomate, in Scheiben geschnitten

▸ **Dazu passt:** ein Weißer Burgunder

❶ Rotbarsch mit den drei ›s‹ bearbeiten: säubern, säuern, salzen. Zusätzlich mit Pfeffer würzen.

❷ Taubnesselsprossen oder -blätter und Spinat waschen, jedes Gemüse für sich tropfnass in heißem Öl zusammenfallen lassen und abwechselnd in eine Auflaufform schichten.

❸ Frühlingszwiebel oder Schalotte zerkleinern und darüberstreuen.

❹ Sahne, Eigelb und Brühe mischen, würzen. Das Gemüse damit übergießen, den Rotbarsch darauf platzieren und mit Butterflöckchen belegen.

❺ Bei 200° (Umluft 180°) 30 Min. im Backofen garen. Nach 15 Min. die Tomatenscheiben hinzufügen. – *Guten Appetit!*

Tipp: Man kann Reis, Hirse oder neue Kartoffeln dazu reichen.

Vogelmiere

Vogelmiere

(Stellaria media)

Name im Volksmund:
Gänsegras, Kanarienvögelkraut, Meier, Sternenkraut, Sternmiere, Vögelichrut.

Familie:
Nelkengewächse.

Standort:
Vogelmiere findet man weit verbreitet auf Äckern, in Gärten und Weinbergen, an Wegen und Ufern, bevorzugt dort, wo der Boden feucht und nährstoffreich ist. Sonne mag sie gerne, aber auch Schatten ist ihr willkommen.

Größe:
Ihre 5–40 cm langen niederliegenden Stängel verknäulen sich ineinander und bilden rasch kleinere Rasenteppiche. Da es sehr niedrig wächst, findet man das Kraut am leichtesten, wenn seine Blüten aus dem frischen Grün hervorleuchten.

Blätter:
Die eiförmigen Blätter laufen spitz zu und sitzen im unteren Bereich des Stängels an kurzen Stielen, im oberen Bereich direkt am Stängel. Aus den Blattachseln sprießen neue Blütenstände und Triebe.

Blüten:
Wenn es an einem geschützten Ort wächst, blüht das Kraut fast das ganze Jahr über. Seine winzigen weißen Scheibenblumen haben ihm den hübschen Namen »Sternenkraut« eingetragen. Die Vogelmiere richtet sich nach der Tageszeit: Bei trockener Witterung entfaltet sie am Morgen ihre Keim- und Laubblätter und blüht bis zum Abend. Bei Nässe schließen sich ihre Blüten, die fast bis zum Grund zweiteilig sind.

Stängel:
Der runde, dünne, aber doch zähe Stängel wächst niederliegend oder aufrecht. Er ist einreihig behaart und unterstützt so das Kraut bei der Wasserversorgung: Tautropfen laufen an dieser Haarlinie entlang zum nächsten Blatt bzw. weiter nach unten. Die Haarlinie bildet ein charakteristisches Erkennungsmerkmal.

Sammelgut:
Den ganzen »Krautrasen«, der sich leicht mit der Hand vom Boden abheben lässt, sammelt man vom frühen Frühjahr bis spät in den Herbst hinein. Auch in milden Wintern zeigt sich das Wildkraut standhaft und überlebensfähig.

Verwechslung:
Solange die Vogelmiere nicht blüht, kann man sie mit dem giftigen Ackergauchheil verwechseln. Allerdings unterscheiden sich die Blüten in ihren Farben: Die Vogelmiere hat weiße Blütensterne, die sie fast das ganze Jahr zeigt – der Ackergauchheil blüht blau oder orangefarben.

Gesundheitlicher Wert:
Hoher Vitamin-C-Gehalt, Saponine, Cumarine, Mineralien, Schleimstoffe, Zink und ätherische Öle machen sie zu einer wertvollen Heilpflanze: Sie wirkt schmerzlindernd und hilft gegen manche Hautprobleme.

Jan.

Feb.

März

Apr.

Mai

Juni

Juli

Aug.

Sept.

Okt

Nov.

Dez.

SAMMELZEIT

Vogelmiere

Gehen Sie doch mal mit einer Forelle, Vogelmiere und Kartoffelspalten auf »Tauchstation«!

s. S. 156

mild-frisch & maisartig

GESCHMACKSPROFIL

Vogelmiere und Sternenkraut – zwei charakteristische Eigenschaften finden sich in den Bezeichnungen für dieses wohlschmeckende und gesunde Wildkraut: seine sternförmigen, leuchtend weißen Blüten und die Tatsache, dass Vögel Aroma und Vitamine der Vogelmiere besonders zu schätzen wissen. Warum sollten also nicht auch wir dieser Empfehlung für Auge und Gaumen folgen, zumal die Vogelmiere das ganze Jahr über verfügbar ist, wenn der Winter mild bleibt. Dabei ist sie gesund, schmackhaft und vielseitig zugleich.

Mildfrisch und aromatisch nach reifen Maiskolben schmeckend, bietet sie vielfältige kulinarische Verwendungsmöglichkeiten: frische Ergänzung im Salat, in Kombination mit Mozzarella und Tomate Füllung für ein »panino«, Grünes für die Suppe, Würze von Fisch und Fleisch. Probieren Sie doch einfach unsere leckere Kreation!

Forelle mit Vogelmiere

Zutaten:

- 2 Forellen
- Meersalz, Pfeffer
- 2 EL Mehl
- 2 EL Öl
- 3 mittelgroße Kartoffeln
- evtl. 100 g Mandelblättchen

Dressing:

- 250 g Quark
- 125 g Crème fraîche
- Pfeffer, Meersalz
- 150 g Vogelmiere (das ganze Kraut)
- 1 Frühlingszwiebel

❶ Die ausgenommenen und gewaschenen Forellen trockentupfen, innen und außen würzen, in Mehl wenden. Überschüssiges Mehl gut abklopfen.

❷ Die Kartoffeln schälen, in Spalten teilen, würzen und mit Öl beträufeln.

❸ Diese neben den Forellen auf einem geölten Blech im Backofen in ca. 20 Min. schön goldbraun backen.

❹ Vogelmiere blanchieren, Quark aufschlagen für eine cremig-leichte Konsistenz, dann Crème fraîche und Gewürze, die grob zerkleinerte Vogelmiere sowie die Ringe der Frühlingszwiebel unterheben. – *Enjoy!*

Tipp: Mandelblättchen kurz vor dem Servieren trocken anrösten und über die Forellen streuen.

▸ **Dazu passt:** eine Zitronenlimonade

Wiesenschaumkraut

Wiesenschaumkraut

(CARDAMINE PRATENSIS)

Jan.

Feb.

März

Apr.

Mai

Juni

Juli

Aug

Sept.

Okt.

Ncv.

Dez.

Name im Volksmund:
Maiblume, Pinksterbloem, Präriekraut, Storchenschnäbli, Wasserkraut, Wiesenkresse.

Familie:
Kreuzblütengewächse.

Standort:
Mit seinen zarten Blüten schmücken Kolonien dieses Wildkrautes im Frühjahr Feuchtwiesen, Flachmoore und die Uferbereiche von Gewässern und Bruchwäldern.

Größe:
Das Wiesenschaumkraut erreicht eine Höhe zwischen 15 und 60 cm und erhebt sich so deutlich über die anderen Wiesenkräuter und Gräser.

Blätter:
Die Grundblätter, aus deren Rosette sich der Stängel erhebt, bestehen aus jeweils 2–15 Paaren gestielter, rundlicher Fiederblättchen. Die Laubblätter sind wechselständig am Stängel angeordnet. Ihre Blättchen sehen ähnlich aus, sind aber schmaler mit einem glatten bzw. selten gezähnten Rand.

Blüten:
Blassviolette, rosa oder weiße Kronblüten mit dunkleren Adern sitzen mit jeweils vier kreuzartig angeordneten Blütenblättern in kleinen dichten Trauben am Ende des Stängels. Jedoch entstehen häufig auch am oberen Teil des Stängels weitere kleine Blütentrauben. Bei verminderten Lichtverhältnissen oder bei Regenwetter schließen sich die Blüten und neigen sich.

Stängel:
Der runde Stängel des Wiesenschaumkrauts enthält zu Beginn des Wachstums Mark, später ist er innen hohl. Er erscheint durch die zarten Fiederblättchen und zierlichen Blüten als recht fragil.

Besonderheit:
Den Namen »Schaumkraut« erhielt die Pflanze, weil zur Blütezeit häufig die Schaumnester einiger Zikadenarten an ihren Stängeln und den Grashalmen ihrer Umgebung zu finden sind.

Sammelgut:
Junge Blätter und Stängelspitzen mit den Knospen sammelt man von April bis Juni, manchmal sogar bis in den Juli hinein – danach schmecken sie etwas bitter. Bitte auf besagte Schaumnester achten und diese Pflanzen nicht sammeln! Ab August bis in den September hinein können die Samen geerntet werden.

Verwechslung:
Verwechseln kann man das Wiesenschaumkraut allenfalls mit dem verwandten Bitteren Schaumkraut. Dieses hat einen kantigen Stängel, seine Blüten sind weiß mit violetten Staubbeuteln und die Grundblattrosetten fehlen. Es ist viel seltener zu finden und schmeckt bitterer, ist aber ebenfalls essbar und eine gute Würze.

Gesundheitlicher Wert:
Vitamin C und Senföle sind im Wiesenschaumkraut reichlich enthalten.

Wiese trifft Meer: wie wäre es mit einem feinen Wiesenschaumkraut-Garnelensüppchen?

s. S. 157

Wiesenschaumkraut – ein frühlingshaft gedeckter Tisch für den Aurorafalter, aber auch der menschliche Gaumen erfreut sich am leicht kresseähnlichen, aromatischen Geschmack. Ob man es mit anderen Einlagen in Suppen und Eintöpfen kombiniert oder damit Käse oder Salate würzt – immer rundet es den Geschmack der Gerichte harmonisch ab. Bereiten Sie einmal einen Frühlingssalat aus Wiesenschaumkraut, Löwenzahn und Sauerampfer zu – ein Frische-gefühl und eine Vitaminbombe ohnegleichen! Auch ein »Quer durch den Garten« aus sommerlichem Gemüse gewinnt durch seine Mitwirkung an Würze. Seine Samen dienen gemahlen als Pfefferersatz, als Belag auf dem Butterbrot oder als Zutat in der Senfbereitung.

Hier schafft das Wildkraut die Vereinigung von Wiese und Meer – ein klares Süppchen als schnelle und appetitliche Mahlzeit oder auch als Entrée.

kresseartig & leicht-herb

GESCHMACKSPROFIL

Wiesenschaumkraut

Wiesenschaumkraut-Garnelensüppchen

Zutaten:

- 100 g Butter
- 1 Schalotte oder
- 1 größere Frühlingszwiebel
- 1 l Gemüsebrühe
- Meersalz, Pfeffer, 1–2 Prisen Safran (Sie können auch Kurkuma nehmen)
- 1 Tasse frische Erbsen (ggf. auch TK)
- 2–3 junge Möhren, in Scheiben geschnitten
- 1 kleines Sträußchen Wiesenschaumkraut
- 250 g Garnelen oder 200 g frisch gepulte Krabben

Wenn Sie mögen, auch
- einige Scheiben Weißbrot für Croutons
- etwas Butter

▸ **Dazu passt:** ein Alsterwasser

❶ Zwiebel hacken oder in Ringe schneiden, in heißer Butter glasig werden lassen, mit Gemüsebrühe aufgießen, Erbsen und Möhrenscheiben darin ca. 10 Min. köcheln. Mit Salz, Pfeffer, Safran oder Kurkuma würzen.

❷ Derweil Wiesenschaumkraut vorsichtig waschen und zerkleinern. – Bitte nur die Blättchen nehmen und ganz in die Brühe geben, aber auch die oberen Sprossen mit Knospen und Blüten kann man verwenden.

❸ Garnelen in Olivenöl 5 Min. braten, in die Suppe legen und einige Minuten bedeckt ziehen lassen, damit sie den Geschmack der Meeresbewohner aufnehmen kann. *– Dat seggt mi to!*

Tipp: Frisch mit Butter in der Pfanne angeröstete Croutons, die auf das Süppchen gestreut werden. Noch ein Sträußchen Wiesenschaumkraut als Dekoration auf den Tisch – ein Schmaus für Gaumen und Auge!

Lust auf vegetarisch?

Auf den folgenden Seiten finden Sie, wenn Sie gerne vegetarisch kochen oder es einmal ausprobieren möchten, 16 leckere Alternativen zu allen Fleisch- oder Fischzutaten in den Wildkräuter-Rezepten.

Sie können diese vegetarischen Ergänzungen ganz einfach zubereiten und müssen dafür nicht erst besondere Zutaten einkaufen – frisches Gemüse und Obst der Saison vom Markt oder aus einem guten Supermarkt reichen vollkommen aus. Der zeitliche Aufwand ist ebenfalls nur unwesentlich höher als beim Kochen mit Fleisch oder Fisch – Vegetarisches gart sanft bei niedrigeren Temperaturen und daher ein wenig länger. Dies könnte für Sie vielleicht zunächst ein wenig gewöhnungsbedürftig sein.

Auch Nicht-Vegetarier sollten sich ruhig einmal an unsere Rezepte »herantrauen«! Sie werden die Erfahrung machen, dass man auch rein vegetarisch Gutes kochen und genießen kann, ohne Asket sein zu müssen.

Allerdings möchten wir hier kein »Pseudo-Fleisch« oder keinen »Pseudo-Fisch« präsentieren und auch nicht die Erwartung wecken, dass unsere vegetarischen Alternativen geschmackliche »1:1-Umsetzungen« von Fleisch und Fisch sind! Mit den Zutaten aus Gemüse, Obst und Getreide entstehen aber durchaus neue Kompositionen, die Ihnen im Zusammenklang mit dem jeweiligen Hauptrezept ganz eigene Geschmackserlebnisse bieten können.

Vegetarische Alternativen

Die folgenden 16 vegetarischen Vorschläge sehen Sie bitte nicht als eigenständige Rezepte an, denn sie ergeben erst zusammen mit dem jeweiligen Hauptrezept ein vollständiges Gericht. Die Wildkräuter harmonieren nicht nur bestens mit dem dort eingesetzten Fleisch bzw. Fisch, sondern auch mit nachfolgenden vegetarischen Alternativen.

Das Wiesenschaumkraut-Süppchen beispielsweise schmeckt genauso köstlich mit gefüllten Muschelnudeln wie mit Garnelen als Einlage. Zwiebelringe, in würzigem Teig ausgebacken, ersetzen den Tintenfisch im Leinkraut-Gericht, gefüllte Kohlpäckchen à la grecque passen genauso ausgezeichnet wie die Lammrippchen zur Knoblauchsrauke, und die Schafgarbe wird nicht mehr von Ente begleitet, sondern von einer Gemüse-Dattel-Frikadelle à l'orange.

Wie auch bei den dazugehörigen Hauptrezepten verstehen sich die vegetarischen Alternativen als Vorschläge, die Sie übernehmen oder nach eigenem Belieben verändern können. Probieren Sie sie doch einmal aus!

s. S. 23

Vegetarische Alternative

Kohlrabi asiatisch

Zutaten:

- 1–2 Kohlrabi, je nach Größe
- 1 Zwiebel
- 1 Knoblauchzehe
- Meersalz, Pfeffer
- 2 Messerspitzen Piment
- 1 EL Honig
- 1 EL Sojasauce
- 50 g Erdnüsse
- 100 g Butter
- Olivenöl
- 4–6 Ackersenf-Schoten
- 100 g frische Erbsen (ggf. TK)

❶ Kohlrabi in breitere Streifen schneiden.

❷ Gehackte Zwiebel und Knoblauch zusammen mit den Gewürzen, Honig und Sojasauce als Marinade rühren, Kohlrabi einlegen.

❸ Erdnüsse von braunen Häutchen befreien, zerdrücken, mit der Butter vermischen.

❹ Kohlrabi in Olivenöl kurz braten.

❺ Zu dem bereits gebratenen Gemüse die durchgesiebte Marinade geben, erhitzen, Senfschoten und Erbsen hineinlegen, 5 Min. köcheln lassen, mit Kohlrabistreifen und der Erdnussbutter sofort servieren. → Seite 23

s. S. 31

Vegetarische Alternative

Gemüsespießchen tricolor

Zutaten:

- 1 Zucchino
- 1 Peperoni (grün oder rot)
- 1/2 Zwiebel
- 1/2 Fenchelknolle
- 3–4 kleine Tomaten
- 3–4 Feigen
- 2–3 Knoblauchzehen
- evtl. 1/2 Aubergine
- Meersalz, Pfeffer
- Olivenöl

❶ Gemüse putzen, in kleine Stücke zerteilen, in bunter Reihenfolge mit den ganzen Tomaten, Feigen und gepellten Knoblauchzehen auf Holzspießchen stecken. Pfeffern, salzen.

Man kann das Gemüse auch zunächst in folgende Marinade einlegen: 100 ml Olivenöl, 2 EL Sojasauce, Saft einer halben Zitrone, 1 getrocknete, zerdrückte Chilischote, 2 Knoblauchzehen in Scheiben, 1 Zwiebel in Ringen. Mischen, Gemüsestückchen für ca. 60 Min. einlegen.

❷ In Olivenöl kurz in der Pfanne anbraten.
➙ Seite 31

s. S. 35

Vegetarische Alternative

Orientalisches Linsenhack

Zutaten:

- 150 g rote Linsen
- 1/4 l Gemüsebrühe
- 1 Zwiebel, 2 Möhren, 1 Knoblauchzehe
- 3 getrocknete Feigen (oder 1 Kaktusfeige)
- 50 g Haferflocken
- Sojasauce
- 1 TL Tomatenmark
- Meersalz, Pfeffer
- Olivenöl
- ausgehöhlter Inhalt der frischen Feigen
- 5–6 Stängel Minze

❶ Rote Linsen 15 Min. in Gemüsebrühe bissfest kochen. Gepellte Zwiebel hacken, Möhren fein raspeln, getrocknete Feigen (oder geschälte Kaktusfeige) in kleine Stückchen schneiden, Knoblauchzehe hacken.

❷ Alles mit den Haferflocken in Olivenöl anbraten, etwas Sojasauce hinzugeben, sodass eine braune, krümelige Masse entsteht.

❸ Tomatenmark unterrühren, 5 Min. weiterbraten, würzen. Inhalt der frischen Feigen untermischen (siehe Rezept).

❹ Zum Schluss Minze hacken, unterheben und in die frischen Feigen füllen. → Seite 35

s. S. 59

Vegetarische Alternative

Cabanossi vegetarisch

Zutaten:

- 3–4 Kartoffeln
- 1 Zwiebel
- 1 Stück Rettich oder 1 Mairübchen, oder auch Radieschen
- 50 g Polentagrieß
- 2 TL Tomatenmark
- 2 Prisen Piment
- Meersalz, Pfeffer
- 2 Peperoni rot
- 1 Peperoni grün

❶ Kartoffeln schälen, kochen und pürieren. Zwiebel und Rettich schälen, reiben. Alles mit dem Grieß, Tomatenmark, Meersalz, Pfeffer und Piment gut verkneten.

❷ Grüne Peperoni entkernen, halbieren, in winzige Stückchen hacken. Rote Peperoni entkernen, in breite Ringe schneiden, mit der Mischung und den kleingehackten grünen Peperoni füllen, kurz anbraten und dabei einmal wenden.

❸ In die Kamille-Erbsen-Creme einlegen. Sofort servieren! → Seite 59

s. S. 75

Vegetarische Alternative

Mangold-Dattel-Reis im Päckle

Zutaten:

- 1 Tasse Reis
- 1 Zwiebel
- 1/2 Bund Petersilie
- 4–5 Stängel Fenchelgrün
- 3–4 Sellerieblätter
- 8 getrocknete Datteln
- Mangold oder Stielkohl oder auch Blattspinat
- Meersalz, Pfeffer
- Curry

❶ Reis in Salzwasser bissfest kochen. In der Zwischenzeit Zwiebel pellen, fein hacken. Kräuter waschen und ebenfalls fein zerkleinern. Datteln entkernen.

❷ Mangoldblätter separat waschen, ganz kurz blanchieren.

❸ Reis mit den Kräutern und Gewürzen gut mischen, in jedes Mangoldblatt 1 EL Reismischung geben, darauf eine Dattel legen und daraus ein kleines Päckchen falten. Jeweils 2 auf einen Zahnstocher schieben.
→ Seite 75

s. S. 83

Vegetarische Alternative

Zwiebelringe frittiert

Zutaten:

- 2 Gemüsezwiebeln
- 5–6 eingelegte grüne Oliven
- 1 Ei
- 100 ml Wasser
- 125 g Weizenmehl
- 2 Prisen Safran
- Meersalz, Pfeffer
- 1 Prise Koriander
- 200 ml Olivenöl

❶ Zwiebeln pellen, in 2–3 cm dicke Ringe schneiden. Oliven pürieren.

❷ Einen flüssigen Ausbackteig aus geschlagenem Ei, Wasser, Mehl bereiten, mit Gewürzen und Olivenmus vermischen, mindestens 30 Min. ruhen lassen. Man kann auch die gehackten Oliven zum Schluss unter die Leinkraut-Sauce mischen oder die Oliven als Beilage reichen.

❸ Zwiebelringe im Teig gut »baden«, in heißem Olivenöl ausbacken.

❹ Zwiebelringe in die Leinkraut-Sauce legen, sofort servieren. ➔ Seite 83

s. S. 95

Vegetarische Alternative

Gefüllte Mandel-Gemüse-Crêpes

Zutaten:

- 3 Eier
- 100 ml Wasser
- 100 g Mehl, 50 g geriebene Mandeln
- 1/2 Banane
- 1 Zucchino, 1 Möhre, 1 kleine Zwiebel
- Meersalz, Pfeffer, Olivenöl

Füllung:
- 50 g Reis
- 10–12 Margeritenblüten
- 1 Handvoll Petersilie
- Meersalz, Pfeffer, etwas Olivenöl

❶ Eier schaumig schlagen, Wasser hinzufügen, weiterschlagen, Mehl und geriebene Mandeln untermischen, würzen. Banane pürieren, hinzufügen. Mindestens 60 Min. ruhen lassen.

❷ Reis wie üblich garen. Restliche Zutaten samt Olivenöl pürieren, würzen, mit Reis mischen.

❸ Zucchino, Möhre und Zwiebel fein raspeln, kurz vor dem Backen unterheben.

❹ Teig wie Crêpes in mit Olivenöl ausgepinselter beschichteter Pfanne dünn ausbacken, mit der Füllung belegen, aufrollen. → Seite 95

s. S. 103

Vegetarische Alternative

Rote-Beete-Filet mit Mandeln

Zutaten:

- 1–2 Knollen Rote Beete (je nach Größe)
- 2 EL Kümmel
- 100 g Mandeln
- Meersalz, Pfeffer
- Zwiebelringe
- 1 EL Olivenöl
- 1 kleiner Rettich oder 1 Mairübe

❶ Rote Beete als ungeschälte Knolle in Kümmel-Wasser 60 Min. kochen.

❷ Mandeln mit kochendem Wasser übergießen, abziehen, trocknen lassen.

❸ Rote Beete pellen. In 3–4 cm dicke Scheiben fischförmig schneiden. Würzen, mit Kümmel bestreuen, mit Zwiebelringen belegen.

❹ Abgezogene Mandeln in heißem Olivenöl kurz anbräunen.

❺ Rettich schälen, grob raspeln. Rote Beete warm auf dem Quellergemüse mit Mandeln und Rettichraspeln servieren. → Seite 103

s. S. 107

Vegetarische Alternative

Kräuter-Eierstich

Zutaten:

- 3 Eier
- 2 EL kalte Milch
- Meersalz, Pfeffer
- 1 TL Kurkuma
- 3–4 Stängel frisches Selleriekraut
- 1/2 Bund Petersilie
- 3–4 Stängel Fenchelkraut
- Olivenöl
- Olivenringe

❶ Eier schaumig schlagen, Milch unterrühren, noch einmal kräftig durchschlagen, würzen. Kräuter fein hacken, ebenfalls untermischen.

❷ Die Masse in eine heiße, mit Olivenöl ausgepinselte Pfanne geben, ohne Wenden bei mittlerer Hitze garen lassen, bis die Unterseite gebräunt und die obere noch glänzend und saftig ist.

❸ In größere Dreiecke schneiden oder auch als Mond und Sterne mit Keksförmchen ausstechen, mit den Olivenringen belegen und sofort in der Ringelblumensuppe servieren.
→ Seite 107

s. S. 111

Vegetarische Alternative

Tofu-Gemüse-Gulasch

Zutaten:

- 200 g Tofu
- 2 Messerspitzen Piment
- 1/2 EL Cumin (Kreuzkümmel)
- Meersalz
- 1 Ei
- 3 EL Grieß (oder Polentagrieß)
- 2 Zwiebeln
- 2 Knoblauchzehen

❶ Tofu mit den Gewürzen, Ei und Grieß sehr gut verkneten.

❷ In größere Würfel schneiden. Mit Zwiebeln und Knoblauch in Olivenöl anbraten.

❸ Die Würfel herausnehmen, den Bratensatz mit dem Brühe-Tomatenmark-Gemisch ablöschen. Wie im Rezept Rüben-Kohl-Gulasch die Tofuwürfel mit den Gemüsewürfeln und dem Wildkraut garen. ➜ Seite 111

s. S. 115

Vegetarische Alternative

Tunesisches Tofu-Ragout

Zutaten:

- 150 g Tofu
- Meersalz, Pfeffer
- 3 EL Sojasauce
- 2–3 kleine Zwiebeln
- 2–3 Knoblauchzehen
- 50 g Mandeln
- 100 ml Gemüsebrühe
- etwas Rotwein
- 10–12 Sand-Thymian-Blättchen
- Fenchelgrün
- Oliven
- Olivenöl

❶ Tofu in kleinere Würfel zerteilen, salzen, pfeffern, in Sojasauce wenden.

❷ Zwiebeln pellen, in kleine Spalten zerteilen, Knoblauchzehen halbieren. Mandeln pellen.

❸ Alles in Öl anbraten. Mandeln wieder herausnehmen. Mit Gemüsebrühe, Sojasauce und Rotwein ablöschen, würzen. Sand-Thymian-Blättchen und Fenchelgrün einstreuen und 15 Min. köcheln lassen.

❹ Oliven in Ringe schneiden, mit den Mandeln in den letzten 5 Min. wieder hineingeben, erhitzen. Ragout in das Teigherz füllen und mit Fenchelgrün garnieren. → Seite 115

s. S. 119

Vegetarische Alternative

Beeten-Rettich-Harmonie

Zutaten:

- 2 Knollen gekochte Rote Beete
- 3 mittelgroße gekochte Kartoffeln
- 2 mittelgroße Zwiebeln
- 1 Rettich
- 50 g Grieß
- 1 TL Kümmel
- Meersalz, Pfeffer
- Olivenöl

❶ Rote Beete und Kartoffeln am Vortag in der Schale kochen. Am nächsten Tag pellen.

❷ Gekochte Rote Beete, Zwiebeln und Rettich reiben, gekochte Kartoffeln ebenfalls.

❸ Alles vermengen, Grieß unterkneten, würzen.

❹ Längliche Bratlinge formen, in Olivenöl braten. Gegebenenfalls Rote-Beete-Stückchen separat braten und auf die Bratlinge auflegen.

➔ Seite 119

s. S. 123

Vegetarische Alternative

Gemüse-Dattel-Frikadelle à l'orange

Zutaten:

- 200 g Kürbis
- 2 Möhren
- 2 Kartoffeln
- ca. 5–7 Schafgarbenblättchen
- 1 Zwiebel
- 1 Ei
- 3 EL Haferflocken
- Meersalz, Pfeffer
- 1 TL Kümmel
- Sojasauce
- Olivenöl
- 4 Datteln und Orangenstückchen

❶ Kürbis, Möhren, Kartoffeln zusammen mit fein gehackten Schafgarbenblättchen und Zwiebel garen und pürieren.

❷ Mit Ei, Haferflocken, einem Schuss Sojasauce und Gewürzen mischen. Je einen Bratling dünn formen. In Olivenöl braten.

❸ Datteln in Öl anrösten, mit Orangenstückchen auf dem Bratling platzieren. ➜ Seite 123

s. S. 131

Vegetarische Alternative

Scharfwürziger vegetarischer Barsch

Zutaten:

- 5–6 mittelgroße Kartoffeln
- 1 EL Tomatenmark
- Kreuzkümmel, Piment
- 1/2 EL Meersalz, Pfeffer
- 3 EL Olivenöl
- 3–4 Knoblauchzehen

❶ Kartoffeln schälen und klein würfeln.

❷ Tomatenmark mit einer kräftigen Prise Kreuz-kümmel und Piment würzen. Mit etwas Meersalz, Pfeffer und einem Schuss Olivenöl verrühren. Die Kartoffelwürfel darin gründlich wälzen, bis alle Seiten damit überzogen sind. Kurz anbraten. Wer es mag, kann gepellte und halbierte Knoblauchzehen oder -scheibchen gleichzeitig mit den Kartoffeln anbraten.

❸ Auf das Gemüsegemisch des Taubnessel-Auflaufs geben und wie im Rezept weiter zubereiten. → Seite 131

s. S. 135

Vegetarische Alternative

Auberginensteak mit Dip

Zutaten:

- 1 Aubergine
- 1 EL Tomatenmark
- Sojasauce
- Kreuzkümmel
- Meersalz, Pfeffer
- 2 EL Olivenöl
- evtl. Mandelblättchen

❶ Aubergine in dickere Scheiben schneiden.

❷ Tomatenmark, einen Schuss Sojasauce, eine kräftige Prise Kreuzkümmel und etwas Pfeffer mischen. Die Auberginenscheiben dünn mit der Marinade bestreichen. In Olivenöl goldgelb braten, dabei einmal wenden. Zum Schluss salzen.

❸ Wer es mag, kann noch Mandelblättchen trocken anrösten und über die Auberginenscheiben streuen.

❹ Mit den Kartoffelspalten und dem Vogelmieren-Dip servieren. ➜ Seite 135

zum Rezept
Wiesenschaumkraut-Garnelensüppchen

s. S. 139

Vegetarische Alternative

Gefüllte Frühlingsmuscheln

Zutaten:

- 100 g Muschelnudeln
- 3–4 Kartoffeln
- 3 kleinere Möhren
- 1/4 l Gemüsebrühe
- Meersalz, Pfeffer
- 1/2 EL Cumin (Kreuzkümmel)
- 50 g Erdnüsse

❶ Nudeln al dente kochen.

❷ Kartoffeln und Gemüse putzen, zerkleinern, in der heißen Brühe garen, würzen.

❸ Erdnüsse von Schalen und braunen Häutchen befreien, hacken oder mahlen (z.B. Nüsse in einem verschlossenen Gefrierbeutel mit dem Nudelholz zerkleinern).

❹ Gemüse pürieren und Erdnüsse untermischen. Noch einmal abschmecken, danach in die Nudelmuscheln füllen.

❺ In das Wiesenschaumkraut-Süppchen, das bereits im Teller wartet, einlegen und sofort servieren. ➜ Seite 139

Hauptsammelzeiten der Wildkräuter im Jahresüberblick

Sie erhalten nachfolgend einen Gesamtüberblick der Monate, in denen die Wildkräuter in der Regel gut zu sammeln sind. Die Kräuter können je nach Witterung und Standortbedingungen bereits einen Monat früher oder später erscheinen bzw. einen Monat länger gedeihen.

Die angegebenen Sammelzeiten beziehen sich auf die Pflanzenteile, die wir in unseren Rezeptvorschlägen verwendet haben. Sammelzeiten für die übrigen Teile wie z. B. Samen und Wurzeln, die bei einigen Wildkräutern ebenfalls essbar sind, berücksichtigen wir im Profil des jeweiligen Krauts unter »Sammelgut«.

Drei in diesem Buch vorgestellte heimische Wildkräuter, nämlich Gänseblümchen, Gundermann und Vogelmiere, sind wintergrün. Das bedeutet, dass ihre Blätter mit ein wenig Glück auch in der kalten Jahreszeit gefunden werden können. Sehr praktikabel ist das Sammeln in diesen Monaten aber sicherlich nicht.

Ersatzmöglichkeiten durch gezüchtete Kräuter finden Sie ab Seite 160, damit Sie unsere Rezepte jederzeit ausprobieren können, auch wenn die wilden Kräuter noch nicht oder nicht mehr verfügbar sind.

Januar

(nur wintergrüne Kräuter)

Februar

(nur wintergrüne Kräuter)

März

Gundermann, Vogelmiere

April

Brennnessel, Gänseblümchen, Giersch, Gundermann, Klee, Knoblauchsrauke, Löwenzahn, Sand-Thymian, Schafgarbe, Vogelmiere

Mai

Ackersenf, Acker-Stiefmütterchen, Brennnessel, Distel, Ehrenpreis, Gänseblümchen, Giersch, Gundermann, Kamille, Klatschmohn, Klee, Knoblauchsrauke, Labkraut, Löwenzahn, Margerite, Melde, Rüben-Kohl, Sand-Thymian, Sauerampfer, Schafgarbe, Taubnessel, Vogelmiere, Wiesenschaumkraut

Juni

Ackersenf, Acker-Stiefmütterchen, Brennnessel, Distel, Ehrenpreis, Gänseblümchen, Giersch, Gundermann, Hirtentäschelkraut, Kamille, Kapuzinerkresse, Klatschmohn, Klee, Knoblauchsrauke, Labkraut, Leinkraut, Löwenzahn, Mädesüß, Margerite, Melde, Queller, Rüben-Kohl, Sand-Thymian, Sauerampfer, Schafgarbe, Spitzwegerich, Taubnessel, Vogelmiere, Wiesenschaumkraut

Juli

Ackersenf, Acker-Stiefmütterchen, Brennnessel, Distel, Gänseblümchen, Giersch, Gundermann, Hirtentäschelkraut, Kamille, Kapuzinerkresse, Klatschmohn, Klee, Knoblauchsrauke, Labkraut, Löwenzahn, Mädesüß, Margerite, Melde, Queller, Ringelblume, Rüben-Kohl, Sand-Thymian, Sauerampfer, Schafgarbe, Spitzwegerich, Taubnessel, Vogelmiere

August

Ackersenf, Acker-Stiefmütterchen, Brennnessel, Distel, Gänseblümchen, Giersch, Hirtentäschelkraut, Kapuzinerkresse, Klatschmohn, Klee, Knoblauchsrauke, Labkraut, Löwenzahn, Mädesüß, Margerite, Melde, Queller, Ringelblume, Rüben-Kohl, Sand-Thymian, Sauerampfer, Schafgarbe, Taubnessel, Vogelmiere

September

Ackersenf, Acker-Stiefmütterchen, Brennnessel, Distel, Gänseblümchen, Hirtentäschelkraut, Klee, Knoblauchsrauke, Labkraut, Leinkraut, Löwenzahn, Melde, Ringelblume, Rüben-Kohl, Sauerampfer, Schafgarbe, Taubnessel, Vogelmiere

Oktober

Ackersenf, Acker-Stiefmütterchen, Brennnessel, Gänseblümchen, Hirtentäschelkraut, Klee, Leinkraut, Löwenzahn, Vogelmiere

November

(nur wintergrüne Kräuter)

Dezember

(nur wintergrüne Kräuter)

Ersatz für Wildkräuter in der kräuterarmen Jahreszeit

Unsere heimischen Wildkräuter haben eine erstaunlich lange Wachstumsperiode. Nach milden Wintern erscheinen die ersten grünen Blättchen bereits im März. Nach dem ersten Frost halten jedoch nur wenige wie das Gänseblümchen, der Gundermann und die Vogelmiere die Winterruhe nicht ein. So ist das Wildkräuterangebot in dieser Zeit sehr begrenzt und das Sammeln evtl. unergiebig und schwierig.

Für diese wildkräuterarmen Monate schlagen wir Ihnen vor, ersatzweise in den Gerichten gezüchtete Kräuter, Gewürze oder auch Teile von Gemüsen einzeln oder in Kombination zu verwenden, um annähernd ähnliche Geschmacksergebnisse zu erzielen. Sie können auch Wildkräuter verwenden, die Sie nach dem Sammeln getrocknet haben.

Im Folgenden haben wir für Ungeduldige eine Liste zusammengestellt, damit Sie die Rezepte, die Sie zubereiten wollen, bereits vor der Sammelzeit der Wildkräuter ausprobieren können.

Ackersenf: scharf & senfwürzig
Kresse, gekeimte Sprossen aus dem Senfsamen

Acker-Stiefmütterchen: frisch & blumig-mild
Basilikum, Ingwerblättchen, frischer Kardamom, Minze (wenig)

Brennnessel: minzig & herb-wild
Minze, glatte Petersilie, Rauke, auch Spinat

Distel: delikat & leicht-süß
Fenchelgrün, Kardamom, Ingwer, Minze, Rauke

Ehrenpreis: balsamisch & herb
Estragon, Fenchelgrün, Thymian, Zwiebelgrün

Gänseblümchen: zart-scharf & salatig (Blätter sind wintergrün)
Basilikum, Petersilie, Schnittlauch oder Zwiebelgrün

Giersch: petersilienhaft & würzig
Blätter des Knollenselleries, Petersilie, Majoran, Thymian

Gundermann: pikant & pfeffrig (Blätter sind wintergrün)
Basilikum, Bohnenkraut, Piment

Hirtentäschelkraut: nussig & fein-scharf
Bohnenkraut, Ingwer, Pinienkerne, Sesamkörner

Kamille: aromatisch & leicht-süß
Basilikum, Dill, Koriander, Zimt

Kapuzinerkresse: kressig & scharf
Bohnenkraut, Kresse

Klatschmohn: würzig & fein-süß
Dill, Koriander, Kümmel, Mohnsamen, Zimt

Klee: frisch-aromatisch & zart-süß
Anissamen (wenig), Petersilie, Koriander

Knoblauchsrauke: knoblauchartig & würzig
Knoblauch oder Knoblauchschnittlauch

Labkraut: honigartig & fein-herb
Kresse, Honig

Leinkraut: pfeffrig & fein-süß
Basilikum, Dill, Fenchel, Koriander

Löwenzahn: würzig & fein-bitter
Bohnenkraut, Feldsalat, Pastinake (wenig), Rauke

Mädesüß: blumig & mandelartig
Hagebuttenmark, Mandeln, Vanillemark

Margerite: frisch & würzig-süß
Basilikum, Lemongras, Salbei

Melde: nussig & spinatartig
Kohlrabigrün, Petersilie, Spinat

Queller: salzig & meeresfrisch
Dill, Rauke, Piment

Ringelblume: safranartig & pikant
Kresse, getrocknete Ringelblumenblätter, Safran

Rüben-Kohl: kohlartig & deftig
Kohlrabigrün, Kümmel, Sellerieblätter

Sand-Thymian: zart-würzig & mediterran
Thymian, Majoran

Sauerampfer: dezent-säuerlich & erfrischend
Granatapfel, Limette, Minze, Vogelbeere

Schafgarbe: würzig & herb
Kalmus, Majoran, Muskat, Pastinake (wenig)

Spitzwegerich: salzig & lakritzartig
Origano, Salbei, Thymian, Shiitake Pilze

Taubnessel: dezent-würzig & dillartig
Dill, Kerbel, Minze

Vogelmiere: mild-frisch & maisartig (Blätter sind wintergrün)
Feldsalatblättchen, Maiskörner, Minze

Wiesenschaumkraut: kresseartig & leicht-herb
Kerbel, Kresse

Falls Sie nicht ausreichend Sammelgut finden sollten, können Sie übrigens Wildkräuter und gezüchtete Kräuter auch miteinander kombinieren.

Rezeptverzeichnis von A–Z

Wildkräuter-Register

Literaturverzeichnis

Aichele, Dietmar; Marianne Golte-Bechtle: Was blüht denn da? Wildwachsende Blütenpflanzen Mitteleuropas. Gütersloh: Bertelsmann 1991.

Bendel, Lothar: Das große Lexikon der Kräuter, Gewürze, Früchte und Gemüse. Herkunft, Inhaltsstoffe, Zubereitung, Wirkung. Köln: Anaconda 2010.

Bremnes, Lesley: Kräuter. Starnberg: Dorling Kindersley 2005.

Dreyer, Eva-Maria: Wildkräuter und ihre giftigen Doppelgänger. Wildkräuter sammeln – aber richtig. Stuttgart: Franck-Kosmos 2007.

Fitschen, Jost; Otto Schmeil; Siegmund Seybold: Die Flora Deutschlands und der angrenzenden Länder. Ein Buch zum Bestimmen aller wildwachsenden und häufig kultivierten Gefäßpflanzen. Wiebelsheim: Quelle & Meyer 2011.

Fleischhauer, Steffen Guido; Jürgen Guthmann; Roland Spiegelberger: Essbare Wildpflanzen. 200 Arten bestimmen und verwenden. Baden und München: AT, 7. Auflage 2010.

Grey-Wilson, Christopher: Wildpflanzen. Starnberg: Dorling Kindersley 2006.

Helm, Eve Marie: Feld-, Wald- & Wiesenkochbuch. München: Heyne 2005.

Jäger, Eckehart; Peter Hanelt; Friedrich Ebel: Rothmaler – Exkursionsflora von Deutschland. Band 5: Krautige Zier- und Nutzpflanzen. Heidelberg: Spektrum 2007.

Klement, Alfred (Hg.): Heilpflanzen und Kräuterküche. Sammeln. Zubereiten. Genießen. Wien: Kremayr & Scherlau 2006.

Lexikon der Küchen- und Gewürzkräuter. Mit 104 Farbtafeln. Herrsching: Manfred Pawlak Verlagsgesellschaft, Lizenzausgabe. Prag: Artia 1977.

Rias-Bucher, Barbara: Kochen mit Kräutern. Köln: Naumann & Göbel o. J.

Ruff, Carola; Lore Jacobi: Essen von der Wiese. Leipzig: BuchVerlag für die Frau 2007.

Schönfelder, Bruno; Wilhelm Fischer: Welche Heilpflanze ist das? Heilpflanzen – Giftpflanzen – Wildgemüse. Stuttgart: Kosmos, 14. Auflage 1968.

Links im Internet

• Giftige Kräuter:
Informationszentrale gegen Vergiftungen. Uni Klinikum Bonn
http://www.meb.uni-bonn.de/giftzentrale/jahresbericht99-Dateien/typo3/index.php?id=284

• Kräuterlexikon:
http://www.heilkraeuter.de/lexikon/index-komplett.htm

• Pflanzenbestimmung:
http://www.pflanzenbestimmung.de/

• Zum Thema »Fuchsbandwurm«:
Baden-Württemberg Ministerium. Die Untersuchungsämter für Lebensmittelüberwachung und Tiergesundheit
http://www.cvuas.de/pub/beitrag.asp?subid=0&Thema_ID=8&ID=209&Pdf=No

• Zum Sammeln von Kräutern:
http://www.kaesekessel.de/kraeuter/sammelkalender.htm

• http://de.wikipedia.org/wiki/Liste_der_K%C3%BCchenkr%C3%A4uter_und_Gew%C3%BCrze

Nachwort und Dank

Über zwei Jahre sind vergangen seit dem ersten Funkeln in unseren Augen beim Gedanken an die Wildkräuter, die bei uns heimisch sind, bis zum vorliegenden Buch. Große Freude hat es uns bereitet, darin unser Wissen und unsere praktischen Erfahrungen beim Sammeln der Kräuter und anschließendem kreativen Kochen und Fotografieren umzusetzen.

In unserer Arbeit wurden wir von vielen Menschen unterstützt – von Familie, Freunden und Bekannten. Ganz herzlich bedanken wir uns für diese Hilfe und Ermutigung, für sachkundige und kreative Vorschläge und natürlich für ihre immer konstruktive Kritik. Unser Dank gebührt auch ganz besonders Herrn Kohl und Herrn Landgraf vom ANACONDA Verlag für ihr Vertrauen, die sehr gute Zusammenarbeit und ihr jederzeit offenes Ohr. Es war und ist stets eine sehr angenehme und erfreuliche Kooperation.

Ein Dankeschön geht an:

Jürgen Backhaus, Birgit Beckmann u. Wigbert Münsterteicher, Prof. Veronika Bellone, Gesine Buss, Christine Cimbal-Marocke, Artur Drzymulski, Petra Götte, Dr. Ulrike Götting, Gourmet Wild Wacken, Stefan Hast, Susanne G. Hein, Prof. Gunhild Hinkelmann-Ehrhard, Familie Johnsen, Prof. Klaus Kette, Karin Krug, Imke Müller, Edith Reinke, Familie Schwarz, Familie Seifried, Arnold Stach, Ulrich Seitz, Verena Seitz, Christine Speer, Helga Strube, Fischfeinkost Teichmeier, Fischfeinkost Tetzke, Brigitte u. Nicolai Thein-Heinemann, Monika Thein v. Plottnitz

Mit Rat und Tat standen uns eine Ernährungsberaterin, eine Pharmazeutin und pflanzenkundige und -begeisterte Menschen zur Seite, die unsere Angaben auf Richtigkeit und Vollständigkeit überprüften und kommentierten. Zahlreiche Test-Leser sorgten für ein ermutigendes »Wunderbar – weiter so!« Ein besonderes Dankeschön an meine Töchter Katrin und Lena, an Liane aus München, Petra aus Augsburg, Christian aus Berlin für Meinung, Rat und Tat.

Wir würden uns freuen, auch die Meinung unserer künftigen Leser zu erfahren und bedanken uns im Voraus für ihr Interesse an unserem Buch.

Nutteln / Bremen, im September 2011
Monika Heutmann / Matthias Hinkelmann